Recetas
de Té de
Hierbas

El Manual Definitivo para Mezclar y
Preparar Té de Hierbas

Ava Morales

Tabla de Contenidos

Introducción

Breve explicación de la popularidad y los beneficios del té de hierbas

En una sociedad acelerada que a menudo nos hace sentir abrumados y desconectados de la naturaleza, cada vez es mayor el deseo de encontrar consuelo y armonía en los remedios naturales. El té de hierbas es cada vez más popular como resultado de esta búsqueda de la salud holística. El té de hierbas, a veces denominado "tisana", es una infusión creada a partir de diferentes partes de plantas, como hojas, flores, semillas o raíces, que ofrece numerosas ventajas para la salud. En esta sección analizaremos los numerosos beneficios de los tés de hierbas para nuestro bienestar general y examinaremos los factores que han contribuido a su creciente popularidad.

Es fundamental tener en cuenta la historia del té de hierbas para comprender su actual nivel de popularidad. El consumo de infusiones de hierbas tiene una larga historia y está arraigado en muchas civilizaciones diferentes de todo el mundo. Los beneficios terapéuticos de las hierbas eran conocidos por las culturas antiguas, que las empleaban como tratamientos convencionales para las enfermedades. Las infusiones de hierbas tienen un papel clave en el fomento del bienestar y el equilibrio, desde la fitoterapia china hasta el Ayurveda en la India y las técnicas curativas de los nativos americanos.

Entre los usos tradicionales de diversos tés de hierbas figuran la digestión y el alivio de las molestias gastrointestinales. Por ejemplo, el té de jengibre es conocido por sus propiedades antiinflamatorias y contra las náuseas, mientras que el té de menta puede ayudar a aliviar la indigestión y la hinchazón. Estos tratamientos a base de hierbas proporcionan un medio suave y orgánico de preservar un sistema digestivo sano.

El té verde, la ortiga y otras infusiones desintoxicantes como el diente de león son opciones populares. Estos tés mejoran la función hepática, favorecen la función renal y ayudan a eliminar las toxinas del organismo. Estos tés pueden contribuir a los procesos naturales de desintoxicación del organismo si se incluyen en una dieta equilibrada.

Aunque los tés de hierbas no suelen ser conocidos por su contenido en cafeína, algunas variedades, como la yerba mate y el té de ginseng, ofrecen un impulso energético natural. Proporcionan energía prolongada y claridad mental sin el nerviosismo ni los bajones asociados a los estimulantes, lo que las convierte en un mejor sustituto de las bebidas con alto contenido en cafeína.

Más allá de sus ventajas para la salud, preparar y consumir té de hierbas se ha convertido en una actividad ceremonial que fomenta la atención y el autocuidado. El infusionado de té de hierbas anima a la gente a tomarse su tiempo, disfrutar del aroma y estar presente en el momento. Esta experiencia de mindfulness ofrece un descanso momentáneo del estrés de la vida cotidiana, así como una oportunidad para la introspección y la relajación.El té de hierbas destaca como una alternativa sana y respetuosa con el medio ambiente en una época en la que los productos procesados y artificiales predominan en nuestras tiendas. Sin utilizar colorantes ni aromas artificiales, los ingredientes del té de hierbas se toman directamente de la naturaleza. Las personas preocupadas por su salud y que buscan productos que no contengan toxinas ni otros ingredientes potencialmente peligrosos apreciarán esta característica. Además, el cultivo de hierbas para té puede realizarse con frecuencia de forma ecológica, fomentando métodos de cultivo sostenibles y reduciendo la influencia sobre el medio ambiente.

La amplia gama de ventajas para la salud de los tés de hierbas es uno de los principales factores que explican su popularidad. El té de hierbas se presenta en una amplia variedad de sabores y tiene beneficios medicinales, a diferencia del té verdadero, que se elabora a partir de la planta Camellia sinensis. A continuación, se enumeran algunas de las principales ventajas de beber té de hierbas:

Los problemas relacionados con el estrés han aumentado drásticamente como consecuencia del ritmo acelerado de la vida moderna. Los tés de hierbas con efectos relajantes, como la manzanilla, la lavanda y la melisa, pueden ayudarle a relajarse y a dormir mejor. Estos tés tienen un efecto calmante sobre el cuerpo y la mente, actuando como aliviadores naturales del estrés.

Los antioxidantes, vitaminas y minerales de los tés de hierbas mantienen fuerte el sistema inmunitario. El sistema inmunitario se refuerza con ingredientes como la equinácea, el saúco y el jengibre, que ayudan al organismo a combatir enfermedades e infecciones.

Entre los usos tradicionales de diversos tés de hierbas figuran la digestión y el alivio de las molestias gastrointestinales. Por ejemplo, el té de jengibre es conocido por sus propiedades antiinflamatorias y contra las náuseas, mientras que el té de menta puede ayudar a aliviar la indigestión y la hinchazón. Estos tratamientos a base de hierbas proporcionan un medio suave y orgánico de preservar un sistema digestivo sano.

El té verde, la ortiga y otros tés de hierbas desintoxicantes como el diente de león son opciones populares. Estos tés mejoran la función hepática, favorecen la función renal y ayudan a eliminar las toxinas del organismo. Estos tés pueden contribuir a los procesos naturales de desintoxicación del organismo si se incluyen en una dieta equilibrada.

Aunque los tés de hierbas no suelen ser conocidos por su contenido en cafeína, algunas variedades, como la yerba mate y el té de ginseng, ofrecen un impulso energético natural. Proporcionan energía prolongada y claridad mental sin el nerviosismo ni los bajones asociados a los estimulantes, lo que las convierte en un mejor sustituto de las bebidas con alto contenido en cafeína.

Más allá de sus ventajas para la salud, la preparación y el consumo de té de hierbas se ha convertido en una actividad ceremonial que fomenta la atención plena y el autocuidado. La preparación de té de hierbas anima a la gente a tomarse su tiempo, disfrutar del aroma y estar presente en el momento. Esta experiencia consciente ofrece un descanso momentáneo del estrés de la vida cotidiana, así como una oportunidad para la introspección y la relajación.

Otro aspecto que aumenta el atractivo del té de hierbas es su adaptabilidad. Hay un té para cada gusto gracias a las numerosas fusiones de sabores y mezclas de hierbas disponibles. Los tés de hierbas también se pueden saborear calientes o fríos, por lo que son apropiados para cualquier estación del año. También se han utilizado en preparaciones culinarias para realzar el sabor de diversos alimentos y dulces. Los tés de hierbas abren las puertas a todo un nuevo mundo de delicias culinarias.

La creciente popularidad del té de hierbas podría entenderse como un componente de una tendencia mayor hacia la salud y el bienestar holísticos. La gente se interesa cada vez más por los enfoques holísticos de la salud, buscando remedios y prácticas naturales que beneficien tanto al cuerpo como a la mente. Con su enfoque suave y holístico para apoyar la salud y la vitalidad en general, el té de hierbas encaja perfectamente en esta filosofía.

La popularidad del té de hierbas es una prueba de la creciente comprensión de sus numerosas ventajas y de su capacidad para ofrecer un estilo de vida saludable a través de medios naturales. El té de hierbas se ha ganado el corazón y el paladar de las personas que buscan un equilibrio saludable entre naturaleza y bienestar debido a sus orígenes históricos y a su amplia gama de beneficios para la salud. Emprendemos un viaje que no sólo nutre nuestros cuerpos sino también nuestras almas mientras seguimos abrazando la riqueza del té de hierbas, reconectándonos con el poder curativo de la propia naturaleza.

Importancia de utilizar hierbas de alta calidad

La humanidad siempre ha tenido acceso a una plétora de remedios y alimentos de la naturaleza. Las hierbas han sido esenciales para los sistemas médicos y culinarios tradicionales a lo largo de la historia. Pero no todas las hierbas son iguales. La eficacia, el sabor y las ventajas generales de las hierbas dependen en gran medida de su calidad. En esta sección examinaremos el valor de utilizar hierbas de alta calidad y cómo afectan a nuestra salud, bienestar y experiencias culinarias.

Los consumidores exigentes buscan cada vez más ingredientes de alta calidad en un mundo repleto de productos de calidad diversa, y las hierbas no son una excepción. En la calidad de las hierbas influyen varios factores, como las prácticas de cultivo, los procedimientos de recolección, el procesado y el almacenamiento. He aquí por qué es importante utilizar hierbas de alta calidad:

Las hierbas de mayor calidad son más potentes y eficaces que las de menor calidad. La cantidad de compuestos activos presentes en las hierbas depende directamente de los métodos de cultivo y recolección utilizados. Las hierbas que han recibido los cuidados y la atención adecuados durante el proceso de crecimiento son abundantes en aceites esenciales, antioxidantes y otros compuestos beneficiosos. Las personas pueden utilizar plenamente estos remedios orgánicos con fines medicinales cuando emplean hierbas de alta calidad.

Es crucial garantizar la pureza y seguridad de las hierbas. Sin utilizar pesticidas nocivos, herbicidas ni fertilizantes sintéticos, se pueden cultivar hierbas de gran calidad. Se cultivan utilizando métodos de agricultura sostenible u orgánica, lo que reduce la exposición a sustancias tóxicas. Las hierbas de alta calidad también se someten a rigurosos controles de calidad para garantizar que no contienen contaminantes como metales pesados o patógenos microbiológicos. El uso de este tipo de hierbas reduce la posibilidad de reacciones negativas y garantiza la ingesta de nutrientes puros y no adulterados.

Más allá de sus ventajas para la salud, las hierbas también proporcionan una rica experiencia sensorial. Los excepcionales perfiles de sabor y cualidades aromáticas que proporcionan las hierbas de alta calidad elevan las experiencias culinarias. Para preservar sus sabores y aromas originales, estas hierbas se cultivan meticulosamente, se recogen cuando están más frescas y se conservan en las condiciones adecuadas. Cuando se utilizan en tés, infusiones o preparaciones culinarias, las hierbas de alta calidad añaden sabores distintos y brillantes que mejoran la experiencia sensorial en su conjunto.

Es esencial prestar atención a los procedimientos de cultivo y aplicar medidas eficaces de control de calidad para garantizar hierbas de alta calidad. Los factores clave que hay que tener en cuenta a la hora de cultivar y obtener hierbas de alta calidad son los siguientes:

La sostenibilidad del medio ambiente, la salud del suelo y la biodiversidad tienen la máxima prioridad en las prácticas de la agricultura ecológica. Las hierbas cultivadas ecológicamente son las que se cultivan sin utilizar productos químicos sintéticos, lo que garantiza que el producto final no contenga residuos nocivos. Estas hierbas se cultivan de acuerdo con las leyes de la naturaleza, lo que permite la mejor absorción de nutrientes y el desarrollo de potentes características medicinales.

Las hierbas deben cosecharse en el momento adecuado para mantener su potencia y calidad. El mejor momento para cosechar cada hierba varía en función de los compuestos requeridos y de la parte de la planta que se utilice (hojas, flores, raíces, etc.). Las hierbas tienen los ingredientes más activos cuando se cosechan en la fase adecuada de crecimiento. Los métodos adecuados, como la recolección manual o la recolección mecánica cuidadosa, reducen el daño a la planta y mantienen su integridad.

La calidad de las hierbas puede verse considerablemente afectada por las técnicas de secado y procesado utilizadas. El color, el sabor y la potencia de las hierbas se conservan cuando se secan con los métodos adecuados, como el secado al aire o a baja temperatura. Es importante evitar la exposición directa a la luz solar, el calor excesivo o la humedad, ya que estos factores pueden reducir la calidad de las hierbas. Para preservar la integridad de las hierbas y hacerlas más accesibles para su uso, deben emplearse técnicas de procesado eficaces, como molerlas o cortarlas.

Las hierbas deben conservarse adecuadamente para mantener su calidad a lo largo del tiempo. Para evitar la oxidación y la absorción de humedad, las hierbas deben conservarse en recipientes herméticamente cerrados, protegidos de la luz solar directa y del calor. Los envases claramente etiquetados y con información detallada sobre el origen, el método de cultivo y la fecha de caducidad de la hierba contribuyen a una total transparencia y garantía de calidad.

El uso de hierbas de alta calidad puede repercutir significativamente en nuestra salud y bienestar. He aquí algunas formas en que las hierbas de alta calidad mejoran nuestra salud general:

Las hierbas de mayor calidad tienen concentraciones significativamente mayores de los compuestos activos responsables de sus efectos curativos. Estas hierbas tienen un mayor potencial para tratar numerosos problemas de salud, tanto si se emplean en sistemas médicos convencionales como en remedios naturales. Las hierbas de alta calidad nos dan acceso a una potente caja de herramientas de técnicas curativas totalmente naturales, desde ayudar a la digestión hasta mejorar la inmunidad.

El uso de hierbas de baja calidad aumenta las probabilidades de sufrir efectos secundarios negativos. Las hierbas pueden acumular contaminantes, como pesticidas o metales pesados, que pueden provocar efectos secundarios negativos. Si se eligen hierbas de alta calidad, se puede reducir el riesgo de sufrir estos efectos secundarios y aprovechar al máximo las ventajas de estas terapias naturales.

Las hierbas de la mejor calidad pueden contribuir a la salud a largo plazo y a la prevención de enfermedades. Las hierbas con alto contenido nutricional y antioxidante deben consumirse con regularidad para nutrir el organismo y favorecer una función celular óptima. La incorporación de estas hierbas a nuestra rutina diaria sienta las bases de una salud y un bienestar sólidos.

Las hierbas de alta calidad, además de ser saludables, mejoran la experiencia culinaria. Los platos ordinarios se transforman en extraordinarias delicias gourmet gracias a sus extraordinarios sabores y fragancias. He aquí algunas formas en que las hierbas de alta calidad mejoran el mundo culinario:

Las hierbas de alta calidad aportan profundidad y complejidad a los alimentos al tiempo que realzan su sabor. Estas hierbas proporcionan a los platos un estallido de frescura y vitalidad que despiertan las papilas gustativas, tanto si se añaden a ensaladas como a sopas, salsas o adobos. El uso de hierbas aromáticas de alta calidad en la cocina hace posible una experiencia culinaria más compleja y satisfactoria.

Las propiedades aromáticas de las hierbas de alta calidad pueden hacer que un plato pase de ordinario a extraordinario. La delicada fragancia de la albahaca fresca, el aroma picante del cilantro o el aroma terroso del romero ofrecen acentos aromáticos que excitan los sentidos y mejoran la experiencia gastronómica en su conjunto. Los chefs y los cocineros caseros pueden crear maravillas culinarias que exciten tanto el paladar como el olfato utilizando hierbas de alta calidad en las recetas.

Las hierbas aromáticas de alta calidad fomentan la innovación en la cocina. Estas hierbas sirven de inspiración para recetas creativas y esfuerzos culinarios debido a su amplia gama de sabores y versatilidad. El uso de hierbas de alta calidad anima a la gente a descubrir nuevos sabores y ampliar sus horizontes culinarios mediante el uso de aceites, vinagres, mezclas y guarniciones infusionados con hierbas.

El uso de hierbas de alta calidad fomenta una relación más estrecha con el mundo natural. Cuando seleccionamos hierbas cultivadas y obtenidas con esmero, reconocemos el valor de respetar y mantener el entorno natural. Al optar por hierbas de alta calidad, colaboramos con el medio ambiente para apoyar métodos de cultivo ecológicamente racionales y fomentar la biodiversidad.

Para que las hierbas alcancen todo su potencial, ya sea por sus ventajas para la salud o por sus delicias culinarias, es esencial un uso de alta calidad. Estas hierbas son potentes, puras y tienen sabores sorprendentes que mejoran nuestra salud y nuestras percepciones sensoriales, ya que se cultivan y obtienen cuidadosamente. Al adoptar hierbas de alta calidad, rendimos homenaje a la diversidad de la naturaleza y emprendemos un viaje de bienestar, nutrición y conexión con el mundo natural.

Finalidad del libro electrónico

La forma en que adquirimos y consumimos información ha cambiado radicalmente en la era digital. Los libros electrónicos se han convertido en un medio muy apreciado porque nos ofrecen comodidad, accesibilidad y riqueza de conocimientos. Con el aumento del interés por la salud holística y los remedios naturales, los libros electrónicos se han convertido en importantes recursos para los aficionados que buscan consejos sobre determinados temas. El propósito del libro electrónico "Recetas de Té de Hierbas: El Manual Definitivo para Mezclar y Preparar Té de Hierbas", así como la forma en que permite a los lectores convertirse en expertos en la preparación de té de hierbas.

El objetivo principal del libro electrónico es informar e ilustrar a los lectores sobre el mundo de los tés de hierbas. Funciona como un manual exhaustivo que proporciona conocimientos profundos sobre las distintas hierbas, sus características y sus posibles ventajas para la salud. El libro electrónico proporciona a los lectores los conocimientos que necesitan para elegir sabiamente al mezclar y preparar té, ofreciéndoles información precisa y fidedigna.

El libro electrónico establece una base sólida para el conocimiento del té de hierbas desde el principio. Presenta a los lectores los diferentes tipos de tés de hierbas, incluidas las mezclas de hierbas y las infusiones de una sola hierba. Explica los pasos esenciales para preparar un té de hierbas, como la temperatura adecuada del agua, los tiempos de infusión y las proporciones de hierbas y agua. Antes de sumergirse en el mundo de la mezcla y el infusionado de tisanas, los lectores pueden estar seguros de que comprenden lo esencial gracias a esta información de fondo.

El libro electrónico ofrece descripciones detalladas de diversas hierbas que se utilizan con frecuencia para preparar té de hierbas. Cada perfil ofrece detalles sobre el sabor, el aroma, los usos terapéuticos y las posibles ventajas para la salud de la hierba. Los lectores adquieren una comprensión más profunda de los atributos distintivos de las hierbas y de las formas precisas en que pueden aumentar el bienestar mediante la comprensión de sus características únicas.

Un aspecto importante del libro electrónico es la orientación sobre la habilidad de mezclar hierbas para elaborar mezclas de té de hierbas únicas. Examina varios métodos de mezcla, como la combinación de hierbas según sus perfiles de sabor, beneficios medicinales o tradiciones culturales. El libro electrónico ofrece consejos sobre cómo equilibrar los sabores, obtener los resultados deseados y experimentar con diversas combinaciones para crear recetas de té de hierbas únicas.

El libro electrónico también pretende fomentar la creatividad de los lectores. El té elaborado con hierbas es un medio flexible que admite innumerables fusiones de sabores y expresiones creativas. Al experimentar con diferentes hierbas, especias y otros ingredientes, el libro electrónico reta a los lectores a mirar más allá de las recetas convencionales y a sacar su lado creativo.

El libro electrónico ofrece consejos sobre combinaciones y maridajes de sabores, despertando la creatividad de los lectores e inspirándoles para que experimenten con mezclas poco convencionales. Se introduce la idea de los perfiles de sabor, con sugerencias para complementar y contrastar sabores con el fin de producir experiencias de té de hierbas distintivas y memorables. El libro electrónico anima a los usuarios a pensar con originalidad y a crear sus propias recetas de té de hierbas ofreciendo posibilidades creativas.

Además de la preparación habitual del té, el libro examina cómo se pueden utilizar los tés de hierbas en la cocina. Se presenta a los lectores la idea de utilizar infusiones de hierbas en repostería y cocina para dotar a los platos de los sutiles sabores y las ventajas saludables de las hierbas. El libro abre nuevas posibilidades culinarias a los aficionados a los tés de hierbas, tendiendo un puente entre la cocina y la taza de té.

Uno de sus principales objetivos es promover el bienestar y el autocuidado. Además de sus ventajas físicas, el té de hierbas proporciona nutrición para la mente, el cuerpo y el alma. El objetivo del libro electrónico es promover una perspectiva integral del bienestar destacando el valor del autocuidado, mindfulness y la conexión con la naturaleza.

El libro electrónico hace hincapié en los aspectos rituales de la preparación y el consumo de té de hierbas. Examina la idea de los rituales del té consciente e instruye a los lectores sobre cómo preparar y saborear el té de hierbas para fomentar momentos de paz e introspección. Los lectores pueden apreciar más el momento presente y sentir un mayor bienestar introduciendo el mindfulness en sus rituales del té.

El té de hierbas es bien conocido por sus posibles ventajas para la salud y su contribución al bienestar general. El libro electrónico insta a los usuarios a dar prioridad a su salud tomando té de hierbas con regularidad, ya que hace hincapié en el valor del autocuidado. Permite a los lectores elegir infusiones que respondan a sus necesidades particulares, ofreciéndoles información sobre hierbas concretas que mejoran la función inmunitaria, la digestión, el alivio del estrés y la relajación.

El té elaborado con hierbas actúa como conexión entre las personas y el mundo natural. El libro anima a los lectores a establecer una relación más estrecha con la naturaleza informándoles sobre la historia de las hierbas, su cultivo y los efectos de las prácticas sostenibles. El libro inspira a los lectores a convertirse en consumidores conscientes que entienden la interconexión de todos los seres vivos, destacando la importancia de obtener hierbas de alta calidad y adoptar prácticas sostenibles.

El libro electrónico puede servir de plataforma para crear una comunidad de entusiastas de los tés de hierbas. Fomenta el sentido de comunidad y cooperación entre personas con ideas afines invitando a los lectores a aportar sus experiencias, recetas y puntos de vista.

El libro electrónico anima a los usuarios a conectarse a través de comunidades en línea, foros de debate o páginas de redes sociales para entusiastas del té de hierbas con el fin de fomentar el intercambio social y la participación. Los lectores pueden ampliar sus conocimientos, obtener nuevos puntos de vista y forjar conexiones significativas dentro de la comunidad del té de hierbas intercambiando experiencias y aprendiendo de los demás.

El libro electrónico ofrece a los lectores apoyo y orientación continuos a medida que inician su aventura con el té de hierbas. Incluye una vía para que los lectores se pongan en contacto con el autor o con los moderadores de la comunidad para que puedan hacer preguntas, obtener aclaraciones y recibir orientación personalizada. El libro electrónico garantiza que los lectores se sientan capacitados y animados a medida que aprenden más sobre el té de hierbas mediante el fomento de un debate abierto.

"Recetas de Té de Hierbas: El Manual Definitivo para Mezclar y Preparar Té de Hierbas" es un libro electrónico con varios usos. El libro electrónico educa e inspira a los lectores sobre el mundo del té de hierbas y les anima a aprender más sobre el proceso de mezcla y preparación. El libro electrónico proporciona a los usuarios las herramientas que necesitan para crear sus propias recetas especiales de té de hierbas e incorporar rituales de té conscientes a su vida cotidiana, fomentando la creatividad y el bienestar. Además, fomenta el sentido de comunidad inspirando a los lectores a interactuar e intercambiar historias con otros entusiastas de las infusiones. El objetivo último del libro electrónico es permitir a los lectores aprovechar los beneficios del té de hierbas para la salud, mejorar su calidad de vida y estrechar lazos con la naturaleza.

Capítulo I

Entender el Té de Hierbas

¿Qué es el té de hierbas? Diferenciarlo del verdadero té

El té es una bebida célebre desde hace mucho tiempo por su amplia gama de sabores y aromas, así como por sus ventajas para la salud. Pero es fundamental entender la diferencia entre el té de hierbas y el té verdadero cuando hablamos de té. Sin embargo, a pesar de que ambos se remojan en agua caliente para producir una sabrosa infusión, sus orígenes y composiciones son fundamentalmente diferentes. Para comprender mejor la esencia del té de hierbas y distinguirlo del té verdadero, esta sección aclarará sus cualidades distintivas.

El té elaborado a partir de partes de plantas distintas de las hojas de la planta Camellia sinensis se denomina té de hierbas o tisana. Hierbas, flores, frutas, especias y otros productos botánicos son ejemplos de estos materiales vegetales. El té de hierbas es conocido por su amplia gama de sabores, beneficios medicinales y significado cultural. Exploremos con más detalle las características distintivas del té de hierbas.

El té de hierbas se elabora a partir de diversos ingredientes vegetales, a diferencia del té verdadero, que sólo se obtiene de la planta Camellia sinensis. Las mezclas de té de hierbas suelen incluir ingredientes como manzanilla, menta y hierba limón, así como hibisco, lavanda, bayas, cítricos, jengibre y canela. Los inconfundibles sabores, aromas y ventajas para la salud del té de hierbas son el resultado de la gran diversidad de ingredientes botánicos utilizados en su producción.

Existe una gran variedad de sabores, cada uno de ellos derivado de los materiales de las plantas utilizados, en los tés de hierbas. Los perfiles de sabor de los tés de hierbas son variados y tentadores, desde notas florales y afrutadas hasta matices terrosos y especiados. Los tés de hierbas son una opción popular para quienes buscan alternativas sin cafeína, ya que proporcionan un sabor más suave y meloso sin la astringencia característica del té auténtico.

Los tés de hierbas se valoran desde hace mucho tiempo por sus propiedades medicinales y sus posibles beneficios para la salud. Se elabora a partir de diversas plantas, cada una de las cuales tiene sus propios compuestos que pueden tener efectos positivos para la salud. Por ejemplo, el jengibre es conocido por favorecer una buena digestión, mientras que la manzanilla es conocida por sus efectos relajantes. Las infusiones son un componente esencial de los sistemas médicos tradicionales de todo el mundo por sus características medicinales y terapéuticas.

El té de hierbas y el té auténtico se distinguen principalmente por las plantas con las que se elaboran. Sólo las hojas de la planta Camellia sinensis se utilizan para elaborar té auténtico. Esta especie vegetal incluye una serie de variaciones, como Camellia sinensis var. sinensis y Camellia sinensis var. assamica, que producen una variedad de tés auténticos, como el té negro, el té blanco, el té verde y el té oolong. Sin embargo, se utiliza una amplia variedad de plantas distintas de la Camellia sinensis para crear los sabores y las propiedades terapéuticas del té de hierbas.

El té de hierbas y el té verdadero se distinguen entre sí por su concentración de cafeína. El té auténtico contiene cafeína de forma natural, aunque las cantidades exactas dependen de la variedad de té, de cómo se prepare y del tiempo que se deje en infusión. En cambio, el té de hierbas no contiene cafeína por naturaleza, ya que no se elabora a partir de la planta Camellia sinensis. Por ello, el té de hierbas es una alternativa deseable para quienes desean evitar o consumir menos cafeína.

El verdadero té es reconocido por su alto contenido en antioxidantes, principalmente flavonoides y catequinas. Esto es especialmente cierto en el té verde y blanco. Estos antioxidantes se han relacionado con una serie de ventajas para la salud, como la defensa contra el estrés oxidativo y las enfermedades crónicas. Dependiendo de las plantas utilizadas, el té de hierbas también puede incluir antioxidantes, aunque los tipos y cantidades de estos compuestos pueden ser muy diferentes de los que se encuentran en el té verdadero. Los compuestos distintivos que se encuentran en cada una de las plantas utilizadas para elaborar tés de hierbas son responsables en gran medida de las ventajas individuales para la salud de estas bebidas.

En países como China, Japón, India y el Reino Unido, donde las ceremonias y rituales del té están arraigados en la vida cotidiana, el té verdadero tiene una profunda importancia cultural. Beber té de verdad suele tener connotaciones ceremoniales, sociales e históricas. Sin embargo, las tradiciones del té de hierbas difieren entre culturas y zonas geográficas. Los tés de hierbas tienen un significado cultural único y son apreciados por sus sabores y características distintivas dentro de sus comunidades individuales, desde las calmantes infusiones de manzanilla en Europa hasta las energizantes mezclas de rooibos en Sudáfrica.

Aunque el té de hierbas y el té verdadero tienen distintos orígenes vegetales, niveles de cafeína, perfiles antioxidantes y connotaciones culturales, también tienen algunas cosas en común y pueden complementarse de distintas maneras.

Tanto el té verdadero como el té de hierbas pasan por el proceso de infusión. El material vegetal se cubre con agua caliente, permitiendo que los sabores y compuestos saludables se impregnen en el agua. Esta forma típica de preparar el té subraya lo versátil que es como bebida, independientemente de su origen botánico concreto.

Ambos tipos de té, ya sean de hierbas o verdaderos, proporcionan una experiencia sensorial satisfactoria. Sean cuales sean los ingredientes de una taza de té, disfrutarla es una oportunidad para refrescarse, reflexionar y relajarse. Tanto el té de hierbas como el verdadero té son bebidas adoradas por sus aromas seductores, su calor relajante y sus sabores que hacen la boca agua.

La elección entre té de hierbas y té verdadero depende a menudo de las necesidades y preferencias individuales. Los tés de hierbas pueden ser más tolerables y calmantes para algunas personas, pero los numerosos sabores del té verdadero y sus posibles ventajas para la salud pueden resultar atractivos para otras. Las personas pueden explorar y determinar sus propios gustos dentro del mundo del té gracias a la gran variedad de tés de hierbas y tés verdaderos que están fácilmente disponibles.

Para los entusiastas del té y los que buscan opciones de bebidas naturales, es crucial comprender los fundamentos del té de hierbas y cómo distinguirlo del verdadero té. Para su elaboración se utilizan diversos compuestos vegetales, que tienen distintos sabores, beneficios medicinales e importancia cultural. Las personas que buscan una alternativa al té verdadero suelen elegirlo por su falta de cafeína, su variedad de sabores y sus posibles ventajas para la salud. El té de hierbas y el té verdadero tienen distintos orígenes vegetales, contenidos de cafeína y perfiles antioxidantes, pero también tienen cosas en común, como el proceso de infusión y el placer asociado al consumo de té. En conclusión, tanto el té de hierbas como el té verdadero mejoran nuestras vidas al proporcionar experiencias sensoriales distintivas, fomentar las relaciones interculturales y ofrecer oportunidades para la relajación y el bienestar.

Historia e importancia cultural de los tés de hierbas

Con su encanto aromático y sus propiedades curativas, el té tiene una larga e ilustre historia que se remonta a miles de años, cautivando a culturas de todo el mundo. A pesar de que la palabra "té" se asocia con frecuencia a las hojas de la planta Camellia sinensis, el té de hierbas tiene su propia y rica historia e importancia cultural. En esta sección viajaremos a través del tiempo para investigar los fascinantes comienzos, los acontecimientos significativos y las prácticas culturales que han influido en el desarrollo de la historia y la relevancia cultural de los tés de hierbas.

Las infusiones de hierbas tienen una larga historia, que se remonta a la época de las primeras civilizaciones, cuando el uso de hierbas en la vida cotidiana y para rituales religiosos era una forma de vida profundamente arraigada. Exploremos la historia de los tés de hierbas y su importancia para las civilizaciones antiguas.

La antigua civilización egipcia, que surgió a lo largo del río Nilo hace más de 4.000 años, ejerció una influencia significativa sobre el té de hierbas. Muchas de las hierbas y plantas que los egipcios cultivaban y veneraban se utilizaban para elaborar infusiones aromáticas y terapéuticas. Por sus efectos calmantes, hierbas como la manzanilla, el hibisco y la menta eran muy apreciadas y se consumían con frecuencia como té de hierbas. Las infusiones también desempeñaban un papel fundamental en los rituales religiosos y se creía que conectaban los mundos espiritual y material.

El té de hierbas tiene una larga historia que está profundamente entrelazada con la Medicina Tradicional China (MTC), un sistema de salud holístico que se practica desde hace más de 2.000 años. En la MTC, se combinaban diversas plantas para elaborar tés de hierbas, a menudo denominados "decocciones medicinales" o "sopas de hierbas", para tratar problemas de salud concretos. Se creía que estos remedios favorecían el bienestar general al restablecer la armonía y el equilibrio del organismo. La importancia cultural de los tés de hierbas en la sociedad china se debe a la transmisión de conocimientos sobre medicina herbal y técnicas de mezcla de tés a través de las generaciones.

Los beneficios medicinales de los tés de hierbas fueron aceptados por el sistema médico tradicional del Ayurveda en la India. Varias hierbas y sus preparados, incluidos los tés de hierbas, figuraban como poseedores de propiedades medicinales en la literatura ayurvédica, incluidos el Charaka Samhita y el Sushruta Samhita. Las "kashayas" o "kadhas", que son tés de hierbas ayurvédicas, se crearon para equilibrar los doshas (energías) del cuerpo y promover el bienestar general. Estos tés de hierbas tradicionales contenían con frecuencia ingredientes como la cúrcuma, el jengibre, la albahaca santa y especias indias como el cardamomo y la canela.

El conocimiento de los tés de hierbas se extendió por todos los continentes a medida que las civilizaciones se desarrollaban e interactuaban a través de las rutas comerciales y los viajes, dando lugar a nuevos descubrimientos y a la mezcla de tradiciones. Examinemos el desarrollo y la transmisión del té de hierbas a través de la historia.

A través de sus conquistas en el siglo IV a.C., Alejandro Magno extendió la cultura y los conocimientos griegos a Egipto, Persia y partes de la India. Los beneficios médicos y terapéuticos de las infusiones de hierbas fueron ampliamente aceptados por los griegos. Hipócrates, un conocido médico griego al que con frecuencia se hace referencia como el "padre de la medicina", fomentaba la ingesta de tés de hierbas por sus propiedades curativas. Al igual que los griegos, los romanos desarrollaron la tradición griega de los tés de hierbas y utilizaron hierbas como la menta y el romero en su vida cotidiana.

La histórica red de rutas comerciales conocida como la Ruta de la Seda, que conectaba Asia con Europa y África, fue crucial para el intercambio de productos, ideas y tradiciones culturales. A lo largo de esta legendaria ruta se compartieron y fusionaron conocimientos y técnicas sobre el té de hierbas. Hierbas de Oriente Medio como la salvia y el tomillo se incorporaron a las tradiciones orientales, mientras que las tisanas de crisantemo y jazmín se originaron en China. Esta interacción intercultural mejoró el mundo de los tés de hierbas y reforzó su relevancia cultural.

Las sociedades indígenas de todo el mundo tienen una larga tradición en la elaboración de té de hierbas que se ha transmitido de generación en generación. La salvia, la hierba dulce y la gayuba son sólo algunas de las hierbas que las tribus nativas de Norteamérica utilizaban para preparar infusiones para rituales ceremoniales, prácticas curativas y conexiones espirituales. De forma similar, las civilizaciones indígenas de América Central y del Sur han utilizado durante mucho tiempo plantas locales como la guayusa, las hojas de coca y la yerba mate por sus efectos curativos y revitalizantes, creando un tapiz cultural de tradiciones de infusiones.

El té de hierbas tiene una gran importancia cultural y se utiliza en muchas tradiciones y rituales de diferentes sociedades. Exploremos cómo se ha convertido en un componente tan importante de los rituales y tradiciones de distintas sociedades del mundo.

El arte tradicional de la ceremonia del té en Japón, que se conoce como "chanoyu" o "sado", ejemplifica los ideales de armonía, respeto, pureza y tranquilidad. Aunque el ingrediente principal de esta ceremonia es un té verde en polvo llamado matcha, también se consumen infusiones de hierbas como el té verde tostado (hojicha) y el té de cebada tostado (mugicha). La ceremonia del té pone de relieve la importancia cultural del té de hierbas en la sociedad japonesa, haciendo hincapié en mindfulness, la apreciación estética y la creación de un entorno tranquilo.

La práctica marroquí de "atay nana", o servir té a la menta, tiene sus raíces en la hospitalidad y las tradiciones culturales. Se prepara una infusión aromática y refrescante remojando varias veces hojas de té verde, normalmente utilizadas para hacer té de gunpowder, con hojas de menta fresca. La ceremonia marroquí del té a la menta incluye un elemento teatral conocido como "vertido alto", que es el acto de verter el té desde una altura. En la tradición marroquí, tomar té a la menta en compañía es un signo de bienvenida, calidez y cordialidad.

Las infusiones de hierbas son una tradición muy apreciada en el Reino Unido desde hace mucho tiempo. Los tés de hierbas, que van desde la calmante manzanilla hasta las energizantes combinaciones de menta e hinojo, ocupan un lugar especial en la cultura británica del té. Las infusiones de hierbas se consumen con frecuencia por sus efectos calmantes, que ofrecen un momento de alivio y consuelo. El ritual diario del té de la tarde, en el que se consumen tanto tés auténticos como infusiones junto con bollos, pastas y sándwiches, refleja la importancia cultural del té de hierbas.

Su popularidad ha aumentado en los últimos años debido a la búsqueda de bebidas naturales y beneficiosas para la salud. La rica historia y el significado cultural del té de hierbas se han revalorizado como resultado de este resurgimiento.

El té de hierbas está ganando popularidad de nuevo, en parte debido al énfasis actual en la salud holística y el bienestar. A medida que más personas recurren a la medicina natural y a las rutinas de autocuidado, se interesan más por los beneficios terapéuticos de las infusiones de hierbas. Con su gran variedad de sabores y sus posibles ventajas para la salud, los tés de hierbas complementan este estilo de vida centrado en el bienestar y ofrecen una pausa tranquilizadora en el ajetreado ritmo de la vida moderna.

La fusión cultural y la innovación en el campo de los tés de hierbas se han acelerado a medida que el mundo está más interconectado. Las empresas y los entusiastas del té experimentan con la mezcla de ingredientes herbales tradicionales de diferentes culturas para crear combinaciones de sabores distintivas y seductoras. Esta mezcla de culturas honra la variedad de las tradiciones del té de hierbas al tiempo que presenta nuevas oportunidades y sensaciones.

El té de hierbas se valora por algo más que sus sabores y sus ventajas para la salud. El té de hierbas llama la atención de las personas que buscan una conexión con la naturaleza y estilos de vida sostenibles en una época en la que la preocupación por el medio ambiente es cada vez mayor. Para preservar la biodiversidad y el delicado equilibrio entre el ser humano y la naturaleza, muchas infusiones se cultivan con métodos ecológicos y respetuosos con el medio ambiente.

El té de hierbas tiene una rica historia y un significado cultural que abarca civilizaciones antiguas, interacciones interculturales y el resurgimiento moderno. El té de hierbas ha sido una parte crucial de las tradiciones humanas, los rituales curativos y las relaciones sociales durante miles de años, desde los rituales del antiguo Egipto hasta los conocimientos de la medicina tradicional china, pasando por las ceremonias culturales de Japón y la hospitalidad del té de menta marroquí. El resurgimiento del té de hierbas en la sociedad moderna refleja el deseo de tratamientos totalmente naturales, la preservación de las tradiciones culturales y las experiencias reflexivas. Seguimos saboreando los atractivos sabores y las propiedades curativas del té de hierbas al tiempo que celebramos su continua relevancia cultural y rendimos homenaje a su rica historia.

Tipos de tés de hierbas y sus beneficios para la salud

Los aficionados al té de todo el mundo están cautivados por los tés de hierbas y sus inconfundibles sabores. Los tés de hierbas ofrecen una amplia gama de ventajas para la salud derivadas de las cualidades especiales de diversas hierbas y productos botánicos, además de sus agradables sabores y aromas relajantes. En esta sección nos embarcaremos en una aventura por el fascinante mundo de los tés de hierbas, conociendo las distintas variedades existentes en el mercado y sus ventajas para la salud. Exploraremos el potencial terapéutico de las infusiones naturales, desde la relajante manzanilla hasta el energizante jengibre.

Los efectos relajantes de la manzanilla, que se obtiene de las flores de la planta, son bien conocidos. Contiene compuestos que tienen efectos calmantes sobre el sistema nervioso, como el camazuleno y la apigenina. La manzanilla alivia los síntomas del estrés y la ansiedad, ayuda a conciliar el sueño y favorece la relajación. También contiene cualidades antiinflamatorias y podría ayudar con los problemas intestinales.

Se puede tener una experiencia agradable y calmante bebiendo té de lavanda, que se produce a partir de las aromáticas flores de lavanda. Se utiliza con frecuencia para fomentar la relajación, disminuir la ansiedad y mejorar el sueño. Los beneficios relajantes de la lavanda para el cuerpo y la mente se atribuyen a sus compuestos naturales, como el linalol y los terpenos. El té de lavanda puede saborearse solo o combinado con otras hierbas para obtener distintas combinaciones de sabores.

El té elaborado con las hojas de la planta melisa es bien conocido por sus efectos calmantes y su moderado sabor cítrico. Los flavonoides y el ácido rosmarínico, entre otros compuestos, tienen propiedades antioxidantes y ansiolíticas. El té elaborado con melisa puede disminuir el estrés, elevar el estado de ánimo y favorecer un mejor sueño. Es una opción preferida para relajarse y desconectar por su sabor refrescante y sus propiedades calmantes.

Las hojas de la planta de la menta piperita se utilizan para hacer té de menta piperita, que tiene sabor a mentol y varias ventajas digestivas. Debido a las características antiespasmódicas del mentol de la menta, es beneficiosa para reducir los síntomas de indigestión, hinchazón y malestar estomacal. Además, el té de menta puede favorecer una digestión saludable, reducir las náuseas y atenuar los síntomas del síndrome del intestino irritable (SII).

El té de jengibre tiene un característico sabor picante y cálido que procede de la raíz de la planta de jengibre. Por sus conocidos beneficios digestivos, se utiliza con frecuencia para reducir el mareo, la indigestión y las náuseas. Los compuestos bioactivos del jengibre, como el gingerol y el shogaol, tienen propiedades antiinflamatorias y antioxidantes. Además, el té de jengibre puede favorecer la circulación y el bienestar general.

Las semillas de la planta del hinojo se utilizan para preparar té de hinojo, que tiene un suave sabor a regaliz y favorece la digestión. Se suele consumir después de las comidas para facilitar la digestión, reducir la hinchazón y aliviar los gases. Los aceites volátiles del té de hinojo, como el anetol, tienen propiedades carminativas que ayudan a relajar los músculos intestinales. El té de hinojo también puede tener propiedades antimicrobianas y antiinflamatorias.

El té de equinácea, producido a partir de las raíces y flores de la planta, se ingiere con frecuencia para mejorar la salud inmunológica. Las alcamidas y los polisacáridos, dos compuestos presentes en la equinácea, estimulan el sistema inmunitario y mejoran su respuesta a las infecciones. El té de equinácea es una bebida popular durante los meses más fríos, ya que puede ayudar a acortar la duración y la intensidad de los síntomas del resfriado y la gripe.

Las bayas de color púrpura oscuro del arbusto del saúco se utilizan para elaborar la bebida inmunoestimulante té de saúco. Las bayas de saúco están repletas de antioxidantes, especialmente antocianinas, que refuerzan el sistema inmunitario y protegen del estrés oxidativo. El té de saúco puede mejorar la salud respiratoria, acortar la duración y la intensidad de los síntomas del resfriado y la gripe, y mejorar el bienestar general.

Los vibrantes cálices de la flor de hibisco se utilizan para preparar el té de hibisco, que tiene un sabor ácido y energizante. Contiene numerosos antioxidantes, como antocianinas y vitamina C, que ayudan a combatir los radicales libres y refuerzan el sistema inmunitario. El té de hibisco puede contribuir a un envejecimiento saludable, reducir la presión arterial y mejorar la salud cardiovascular. Es una bebida deliciosa y nutritiva por su tonalidad vibrante y su sabor ácido.

Desde la antigüedad, el té de ginseng, preparado a partir de las raíces de la planta, se ha valorado por sus cualidades estimulantes y adaptógenas. Los ginsenósidos activos del ginseng son responsables de su capacidad para favorecer la claridad mental, mejorar la concentración y aumentar la energía. Además, el té de ginseng puede contener propiedades antioxidantes y antiinflamatorias que aumentan la vitalidad y el bienestar general.

Las hojas de la planta de romero se utilizan para preparar el té de romero, que tiene un sabor fuerte y energizante. Es muy apreciado por sus cualidades cognitivas, que aumentan la memoria, la concentración y la agudeza mental. El ácido rosmarínico y el ácido carnósico, dos compuestos presentes en el romero, tienen efectos neuroprotectores y pueden ayudar a mejorar la salud cerebral. Una rutina matutina o una sesión de estudio pueden beneficiarse del aporte energético y aromático del té de romero.

La yerba mate, una bebida tradicional sudamericana conocida por sus cualidades estimulantes, se produce a partir de las hojas de la planta. Contiene ingredientes como la cafeína, la teobromina y otros que proporcionan un suave impulso de energía y claridad mental. La yerba mate se consume con frecuencia para mejorar el estado de alerta, el rendimiento físico y la atención. En lugares como Argentina, Uruguay y Paraguay, le dan un sabor distintivo y un significado cultural.

Los tés de hierbas tienen una gran variedad de sabores y ventajas para la salud, satisfaciendo una amplia gama de gustos y objetivos de bienestar. La infusión de la naturaleza ofrece una gran variedad de remedios y delicias, desde los efectos relajantes de la manzanilla hasta el apoyo digestivo de la menta. Explorar las distintas variedades de té de hierbas y sus ventajas para la salud nos permite aprovechar el poder de las plantas, mejorando nuestros rituales diarios y fomentando el bienestar. ¿Por qué no viajar por el mundo calmante y energizante de los tés de hierbas y apreciar los increíbles regalos que nos ha hecho la naturaleza?

Capítulo II

Herramientas e Ingredientes Esenciales

Herramientas necesarias para infusionar té de hierbas

El infusionado de té de hierbas es un arte que requiere hierbas de alta calidad, así como las herramientas adecuadas para obtener todo el sabor y los posibles beneficios para la salud. Cada paso del proceso de infusionado, desde la elección de la tetera adecuada hasta la medición del tiempo de infusionado ideal, contribuye a producir una deliciosa y agradable taza de infusión. En esta sección examinaremos los utensilios necesarios para infusionar té de hierbas, su valor y cómo mejoran la experiencia de beber té.

El principal utensilio necesario para infusionar té de hierbas es una tetera. Permite la extracción controlada de sabores y la infusión de hierbas. Las teteras están disponibles en diversos materiales, como hierro fundido, vidrio y cerámica. Cada material tiene sus propias ventajas. Para los tés de hierbas delicados, las teteras de cerámica son ideales porque retienen el calor con eficacia. Por otro lado, las teteras de cristal permiten ver el proceso de infusión, así como los colores y aromas. Las teteras de hierro fundido son ideales para tiempos de infusión más largos por su excepcional retención del calor.

Para preparar tés de hierbas a granel, se necesitan infusores de té, a menudo denominados coladores o teteras. Estos utensilios facilitan la infusión de las hierbas y las mantienen separadas del líquido mientras se vierten. Los infusores de té tienen diversas formas, como infusores de cuchara, bolas de malla y cestas. Por su facilidad y sencillez de uso, los infusores de bolas de malla son los más utilizados. Los infusores de cesta ofrecen a las hierbas más espacio para extenderse y dar rienda suelta a su sabor. Por su versatilidad, los infusores de cuchara pueden utilizarse directamente en una tetera o taza.

Los hervidores de agua son esenciales para calentar el agua a la temperatura adecuada para preparar té de hierbas. Los hervidores eléctricos permiten calentar y controlar la temperatura con rapidez y son prácticos y eficaces. Las teteras, incluidas las de cobre o acero inoxidable, añaden un toque clásico y bello al proceso de infusionado. Para garantizar una dispersión precisa y uniforme del agua sobre las hierbas, elija una tetera con boquilla de cuello de cisne.

Los tés de hierbas se benefician de una extracción óptima del sabor y de ventajas para la salud a temperaturas específicas. Para que muchas hierbas alcancen su máximo potencial, es necesaria una determinada temperatura del agua. Por ejemplo, es preferible infusionar té de hierbas delicadas como la manzanilla y la lavanda en agua cocida a unos 93°C (200°F). Para las hierbas más fuertes, como el jengibre y la hierba limón, puede ser necesario utilizar agua más caliente, a unos 100 °C (212 °F). Se aconseja adquirir una tetera digital con control de temperatura o utilizar un termómetro para alcanzar la temperatura ideal.

El té de hierbas debe medirse con precisión para mantener la consistencia tanto en sabor como en potencia. Las hierbas pueden dosificarse con precisión utilizando cucharas medidoras especiales para tés de hoja suelta. Con las balanzas para té, se puede medir el peso exacto de las hierbas, lo que resulta muy útil para mezclar té de forma única. Las herramientas de medición ayudan a mantener el equilibrio adecuado y garantizan una deliciosa taza de té de hierbas en todo momento.

Para que el té de hierbas tenga el perfil de sabor deseado, el tiempo de infusión es crucial. Un tiempo de infusión insuficiente podría no extraer toda la variedad de sabores y ventajas, mientras que un tiempo de infusión excesivo podría producir un sabor amargo. Los temporizadores ayudan a controlar el proceso de remojo, ya estén integrados en un hervidor eléctrico, en un temporizador de cocina independiente, en una aplicación de smartphone o en ambos. Se consiguen resultados uniformes si se ajusta el temporizador de acuerdo con las instrucciones precisas de remojo de cada té de hierbas.

Los tés de hierbas se disfrutan más cuando se sirven en tazas o tazas adecuadas. Las opciones más populares son las tazas de cerámica o cristal, ya que retienen el calor eficazmente y permiten que destaquen los colores del té. Las tazas de cristal de doble pared ofrecen un toque sofisticado y mantienen la temperatura ideal para el té. Las tazas con asa son prácticas y cómodas para quienes desean porciones más grandes.

Para eliminar cualquier residuo o sedimento de la infusión, utilice filtros o coladores de té. Garantizan una taza de té limpia y suave, sobre todo cuando se utilizan hierbas a granel. Desde pequeños coladores portátiles hasta otros más grandes que caben sobre las teteras, los coladores de té vienen en una gran variedad de formas y tamaños. Los filtros de té desechables de papel o tela son prácticos para preparar infusiones de un solo uso y limpiarlos fácilmente.

El infusionado de té es una aventura fascinante que requiere las herramientas adecuadas para realzar todos sus sabores, aromas y ventajas para la salud. Las teteras, los infusores, los hervidores de agua con control de temperatura, los dispositivos de medición y cronometraje y los utensilios para servir son instrumentos útiles en el arte de preparar té de hierbas ideal. Emprenda un viaje para enriquecer su experiencia con el té mientras reúne estas herramientas necesarias, permitiendo que las maravillas de la naturaleza aviven sus sentidos y promuevan su bienestar general. Así que prepárese para disfrutar del cautivador mundo de las infusiones, infusión a infusión, reuniendo la tetera, el infusor, la tetera y las cucharas medidoras.

Introducción a las hierbas comunes y sus propiedades

Durante siglos, las hierbas han sido veneradas por su capacidad curativa y empleadas como tratamientos naturales para diversas enfermedades. El mundo de las hierbas contiene una enorme variedad de plantas, cada una con sus propias propiedades especiales, que van desde la calmante manzanilla hasta la energizante menta piperita. En esta sección viajaremos por el mundo de las hierbas comunes mientras examinamos sus propiedades y sus posibles beneficios para la salud. Podemos aprovechar las propiedades terapéuticas de estas hierbas y utilizarlas en nuestra vida cotidiana si somos conscientes de sus múltiples cualidades.

Con sus exquisitas flores blancas y su dulce aroma, la manzanilla (Matricaria chamomilla) es bien conocida por sus efectos sedantes y calmantes. Contiene compuestos con propiedades antiinflamatorias y ansiolíticas, como el bisabolol y el camazuleno. Las aplicaciones más comunes de este té son el alivio del estrés, la relajación, la mejora del sueño y el alivio de las molestias gastrointestinales.

Todas las edades, incluidos los niños, pueden consumirla por su naturaleza suave.

Con su vigorizante aroma y sensación refrescante, la menta piperita (Mentha × piperita) es una hierba muy apreciada y reconocida por sus ventajas digestivas. Tiene mentol, que posee cualidades antiespasmódicas y ayuda a calmar los músculos del tracto digestivo. Para aliviar los síntomas de la indigestión, la hinchazón y el malestar estomacal, se suele tomar té de menta. Debido a sus cualidades expectorantes, también puede ayudar con los dolores de cabeza y mejorar la salud respiratoria.

La lavanda (Lavandula angustifolia), con sus vivas flores púrpuras y su característico aroma floral, es muy apreciada por sus cualidades calmantes y relajantes. Contiene compuestos que tienen efectos calmantes sobre el sistema nervioso, como el linalol y el acetato de linalilo. Para aliviar el estrés, conciliar mejor el sueño y reducir la ansiedad, se utiliza con frecuencia el té de lavanda o la aromaterapia con aceite esencial de lavanda. La lavanda también favorece la cicatrización de heridas y tiene cualidades antibacterianas.

Con su sabor cálido y picante, el jengibre (Zingiber officinale) se utiliza desde hace siglos por sus efectos digestivos y antiinflamatorios. Contiene compuestos bioactivos con propiedades antioxidantes y antiinflamatorias, como el shogaol y el gingerol. El té de jengibre se consume con frecuencia para aliviar el mareo, favorecer la digestión y reducir la inflamación. Además, puede aliviar los dolores menstruales y reforzar el sistema inmunitario.

Con sus llamativos pétalos morados y su centro en forma de cono, la equinácea (Echinacea purpurea) es una potente hierba con cualidades inmunoestimulantes. Sus compuestos, como las alcamidas y los polisacáridos, refuerzan la respuesta del sistema inmunitario a las infecciones. Para promover la salud del sistema inmunitario, se suelen utilizar infusiones o suplementos de equinácea, sobre todo durante las temporadas de gripe y resfriados. Puede reducir la duración e intensidad de los síntomas y mejorar el estado general de salud.

La Melissa officinalis, también conocida como melisa, tiene propiedades calmantes y mejora el estado de ánimo gracias a su aroma cítrico y suave sabor a limón. Contiene compuestos con propiedades antioxidantes y ansiolíticas, como los flavonoides y el ácido rosmarínico. El té de melisa se consume con frecuencia para reducir el estrés, elevar el estado de ánimo, fomentar la relajación y favorecer un sueño profundo. Además, puede mejorar la salud digestiva y tratar el herpes labial.

Con sus racimos de diminutas flores blancas o rosas, la valeriana (Valeriana officinalis) es conocida por sus cualidades calmantes e inductoras del sueño. Contiene compuestos como el ácido valerénico, que interactúa con los receptores GABA del cerebro para favorecer la relajación y mejorar la calidad del sueño. Es habitual tomar té o suplementos de valeriana para tratar el insomnio, disminuir la ansiedad y relajar el sistema nervioso. Sólo debe utilizarse bajo supervisión médica y con precaución.

Con sus raíces nudosas y sus cualidades adaptógenas, el ginseng (Panax ginseng) es muy apreciado en la medicina tradicional por sus beneficios estimulantes y vigorizantes. Contiene ginsenósidos, compuestos con efectos antiinflamatorios y antioxidantes. El té o los suplementos de ginseng se utilizan para reforzar la vitalidad general, aumentar los niveles de energía y agudizar la concentración mental. Además, puede reforzar el sistema inmunitario y reducir el estrés.

El romero (Rosmarinus officinalis), con sus fragantes hojas y aroma terroso, es apreciado por sus cualidades antioxidantes y de mejora cognitiva. Contiene compuestos con propiedades neuroprotectoras y beneficiosas para la salud cerebral, como el ácido rosmarínico y el ácido carnósico. Para mejorar la memoria, la concentración y la agudeza mental, el té de romero se consume con frecuencia. Además, puede reducir la inflamación y favorecer el bienestar digestivo.

El mundo de las hierbas comunes encierra una gran riqueza de remedios naturales y ventajas terapéuticas. Podemos beneficiarnos de las cualidades únicas de la manzanilla, la menta, la lavanda, el jengibre, la equinácea, la melisa, la valeriana, el ginseng y el romero. Mediante el uso de tés, tinturas o preparados culinarios, podemos incluir estas hierbas en nuestra vida cotidiana y beneficiarnos de sus poderosas propiedades curativas. Cuando adoptamos los conocimientos de la naturaleza, encontramos un rico tapiz de hierbas medicinales que favorecen la salud de nuestro cuerpo, mente y espíritu.

Obtención de hierbas y tés de alta calidad

La calidad de las hierbas que se utilizan en los tés de hierbas es de suma importancia si el bebedor desea experimentar toda la gama de sabores y beneficios que ofrecen los tés de hierbas. Tenemos la garantía de disfrutar del auténtico sabor, los beneficios medicinales y la satisfacción general de las hierbas y tés que compramos porque son de la máxima calidad. En esta sección nos adentraremos en el ámbito del abastecimiento, analizando los factores que afectan a la calidad de las hierbas y los tés, la importancia de los métodos éticos de abastecimiento y cómo encontrar y adquirir los mejores productos a base de hierbas.

La frescura es un componente clave de las hierbas y tés de alta calidad. Las hierbas frescas conservan sus ricos matices, potentes sabores y fuertes aromas. Las hierbas que se han secado adecuadamente para conservar sus aceites vitales e ingredientes activos se utilizan para elaborar los mejores tés de hierbas. Cuando dejan de ser frescas, las hierbas pierden su fuerza, pierden su color y pierden su sabor.

Las hierbas y los tés se consideran puros si no contienen impurezas ni adulterantes. La seguridad y pureza de las hierbas de alta calidad no se ven comprometidas por pesticidas, herbicidas u otros productos químicos nocivos. Las hierbas se cultivan sin utilizar productos químicos sintéticos cuando están certificadas como ecológicas, lo que garantiza su integridad. Además, para garantizar su pureza, las hierbas deben comprarse a proveedores reputados que apliquen estrictos procedimientos de control de calidad.

Para que las hierbas y los tés tengan el sabor y los efectos terapéuticos ideales, la autenticidad es esencial. Las hierbas pueden presentarse en una gran variedad de especies y tipos, cada uno con sus propios sabores y beneficios terapéuticos. Si las hierbas están debidamente reconocidas y se obtienen de vendedores de confianza, estaremos utilizando la hierba exacta que pensamos consumir. Deben evitarse las hierbas mal etiquetadas o incorrectamente reconocidas, ya que podrían no tener los efectos deseados.

Los métodos de cultivo sostenibles anteponen el bienestar a largo plazo del medio ambiente y de las comunidades implicadas en la producción de hierbas. Comprar hierbas a cultivadores y distribuidores que utilizan prácticas de cultivo respetuosas con el medio ambiente, como la agricultura ecológica, fomenta la biodiversidad, tiene un impacto positivo en el medio ambiente y ayuda a las comunidades locales a mantener sus propios medios de vida. Al seleccionar hierbas cultivadas de acuerdo con la naturaleza, apoyamos una industria herbolaria más ética y duradera.

Según los principios del comercio justo, los agricultores y trabajadores de las hierbas reciben una remuneración justa y trabajan en condiciones moral y éticamente aceptables. Seleccionar tés y hierbas con certificaciones de comercio justo promueve la justicia social y da más poder a los grupos marginados. La transparencia, la trazabilidad y la responsabilidad en la cadena de suministro son componentes de los procesos de abastecimiento ético, que garantizan el respeto de los principios morales desde la granja hasta la taza.

Dependiendo de su disponibilidad y características distintivas, las hierbas pueden comprarse a nivel local o mundial. El abastecimiento local fomenta las economías regionales, reduce las emisiones de carbono relacionadas con el transporte y permite interactuar directamente con agricultores y productores. Por otro lado, el uso de fuentes mundiales permite acceder a una selección más completa de hierbas y a una mayor variedad de perfiles de sabor. Ambas estrategias tienen ventajas, y se puede alcanzar un equilibrio seleccionando hierbas cultivadas localmente cuando estén disponibles y buscando opciones globales para hierbas concretas que no se cultiven cerca.

La mejor forma de garantizar la calidad de las hierbas y los tés es asociarse con marcas y proveedores fiables. Busque vendedores o empresas que tengan un historial de adquisición de hierbas de alta calidad, que realicen controles de calidad y que mantengan unas normas responsables desde el punto de vista moral y medioambiental. La fiabilidad y calidad de los distintos proveedores también puede conocerse leyendo las evaluaciones de los clientes y pidiendo referencias.

Para garantizar la consistencia y pureza de sus productos, los proveedores reputados aplican rigurosas medidas de control de calidad. Estas precauciones pueden incluir la comprobación de la presencia de contaminantes, la confirmación de la legitimidad de las especies y la vigilancia de la frescura. Los consumidores pueden confiar en los productos que compran cuando las empresas son abiertas y transparentes sobre sus procedimientos de control de calidad.

Un signo de alta calidad y abastecimiento moral se puede encontrar en certificaciones como orgánica, comercio justo y otras que son específicas de la industria. Infórmese sobre las numerosas certificaciones aplicables a los productos herbáceos y, cuando compre hierbas y tés, busque estas etiquetas. También puede ayudar a tomar decisiones informadas conocer las normas de calidad y las leyes que los distintos países han creado para los productos a base de hierbas.

Para aprovechar al máximo nuestro deleite, beneficiarnos de las propiedades medicinales y apoyar métodos éticos y sostenibles, hay que comprar hierbas y tés de alta calidad. Garantizamos que las hierbas que consumimos son de la máxima calidad dando prioridad a la frescura, la pureza, la autenticidad y el abastecimiento ético. Podemos tomar decisiones acertadas trabajando con proveedores fiables, comprendiendo sus medidas de control de calidad y buscando certificados y normas. En nuestra búsqueda de la excelencia, no sólo mejoramos nuestra experiencia de consumo de té, sino que también mejoramos el medio ambiente y las comunidades que participan en la industria de las hierbas.

Capítulo III

Nociones Básicas
sobre el Té de Hierbas

Temperatura del agua y tiempos de infusión adecuados

La gente de todo el mundo aprecia el té de hierbas por sus efectos calmantes y sus ventajas para la salud. La temperatura adecuada del agua y el tiempo de remojo son tan vitales para el sabor y los posibles beneficios medicinales de un té de hierbas como la selección de las hierbas y sus combinaciones. En esta sección se analiza la importancia de la temperatura del agua y el tiempo de reposo durante la preparación del té de hierbas, junto con el impacto que tienen en el sabor, el aroma y la extracción de los compuestos medicinales de las hierbas.

Los tés de hierbas deben prepararse con cuidado, ya que la temperatura del agua puede afectar tanto al sabor como a la liberación de compuestos terapéuticos. Los tés de hierbas suelen requerir temperaturas de entre 82 °C (180 °F) y 96 °C (205 °F). Este intervalo permite la mejor extracción sin que las hierbas pierdan sus delicados sabores ni se vuelvan amargas.

Para obtener los mejores resultados, prepare hierbas delicadas como la manzanilla, la lavanda y la menta a temperaturas más bajas, normalmente unos 82°C (180°F). Las temperaturas más altas pueden dar lugar a un sabor amargo y a la pérdida de sus sutiles olores. Los sabores se mezclan cuando estas hierbas se dejan en remojo entre 5 y 7 minutos a la temperatura adecuada.

Las hierbas fuertes, como el jengibre, la canela y la hierba limón, pueden soportar temperaturas del agua más elevadas, a menudo en torno a los 205°F (96°C). Sus potentes sabores y componentes aromáticos se extraen más eficazmente a mayor temperatura. Una infusión equilibrada y sabrosa se obtiene dejando reposar estas hierbas de 7 a 10 minutos a la temperatura recomendada.

El té de hierbas debe reposar durante el tiempo adecuado para extraer los sabores, fragancias y posibles beneficios para la salud de las hierbas. El té de hierbas debe dejarse reposar entre 5 y 10 minutos, aunque la cantidad exacta de tiempo depende de la variedad de hierbas utilizadas. Para obtener la mejor extracción, algunas hierbas deben dejarse en remojo durante más tiempo.

Para las hierbas delicadas, como la manzanilla y el hibisco, el tiempo de remojo suele ser más corto. Pueden extraerse suavemente sin abrumar la infusión con sabores amargos o astringentes dejándolas en remojo entre 5 y 7 minutos. Basta con tiempos de infusión más cortos porque estas hierbas tienden a liberar rápidamente sus compuestos terapéuticos.

Las hierbas más fuertes, como la equinácea y el romero, suelen beneficiarse de tiempos de remojo más prolongados. Sus potentes sabores y cualidades curativas pueden extraerse mejor dejando en infusión de 7 a 10 minutos. Estas plantas podrían tener compuestos complejos que tardarían más tiempo en infusionarse completamente en el agua.

La preparación de un té de hierbas no sólo requiere la selección correcta de las hierbas, sino también la temperatura del agua y los intervalos de infusión adecuados. Se puede preparar una bebida equilibrada, sabrosa y saludable conociendo las propiedades de las hierbas y sus condiciones de preparación preferidas. Tenga en cuenta que, aunque las plantas robustas requieren temperaturas más altas y tiempos de infusión más largos, las hierbas delicadas se benefician de temperaturas más bajas y tiempos de infusión más cortos. Con estos conocimientos, los aficionados al té podrán disfrutar plenamente de la placentera experiencia de preparar té de hierbas.

Preparar la taza ideal de té de hierbas nos ayuda a disfrutar plenamente de los sabores, aromas y propiedades terapéuticas de diversas hierbas. Es una experiencia placentera y satisfactoria. Aunque el infusionado de té de hierbas es más flexible e indulgente que la de los tés verdaderos, aprender los principios básicos puede mejorar el sabor y la satisfacción de nuestros tés. En esta sección, veremos los métodos clave para el infusionado ideal, incluida la elección del agua, las proporciones de hierba y agua, los procedimientos de infusión y consejos para personalizar.

Una buena agua es la piedra angular del éxito de cualquier infusión. Si utiliza agua filtrada o de manantial, puede estar seguro de que su infusión estará libre de impurezas que puedan afectar al sabor. Evite utilizar agua destilada porque carece de los minerales que las plantas necesitan para liberar sus fragancias. Para mantener la temperatura ideal de infusionado, también se aconseja utilizar agua recién hervida.

Conseguir la intensidad y el sabor correctos de té de hierbas depende en gran medida de la proporción de agua y hierbas. Por cada 240 ml (8 onzas) de agua, utilice una cucharada de hierbas secas o una cucharada de hierbas frescas. Dependiendo de cada persona, puede gustarle una infusión más fuerte o más suave; ajuste la proporción en consecuencia.

Las hierbas se remojan tradicionalmente cubriéndolas con agua caliente y dejándolas reposar durante un tiempo determinado. Los tés de hierbas pueden prepararse en tazas, teteras o infusores. Hay que tapar el recipiente mientras se deja reposar para conservar el calor y evitar que se evaporen los compuestos volátiles, a fin de extraer eficazmente los sabores y los beneficios para la salud.

El tiempo de remojo de las infusiones es más largo para extraer de las hierbas sabores más potentes y beneficios para la salud. Los componentes más fuertes de las plantas, como raíces, cortezas o semillas, responden bien a esta técnica. Basta con dejar las hierbas en remojo en agua durante un tiempo considerable, normalmente de 15 a 30 minutos, y escurrirlas antes de servir.

Para las hierbas delicadas o las que liberan sus sabores gradualmente, son apropiadas las infusiones frías. Las hierbas deben infusionarse en agua fría y guardarse en la nevera durante varias horas o toda la noche. Una bebida ligera y energizante producida por infusiones frías es ideal para los calurosos días de verano.

Los tiempos de remojo de los tés de hierbas varían según el tipo de hierba, las preferencias gustativas individuales y el nivel de potencia deseado. Para la mayoría de los tés de hierbas, comience con un tiempo de remojo de 5 a 10 minutos como regla general. Dependiendo de la hierba, es posible que desee remojarla durante más tiempo para obtener un sabor más intenso. Ajuste el tiempo de remojo en consecuencia.

A lo largo del proceso de elaboración, deben hacerse pruebas de sabor periódicas para determinar el tiempo de remojo ideal. Para conseguir el equilibrio de sabor ideal, pruebe el té varias veces. Para obtener la taza perfecta, tenga en cuenta que la duración del remojo afecta directamente al nivel de intensidad de la infusión.

Combinando distintas hierbas o combinándolas con componentes complementarios, los tés de hierbas ofrecen innumerables posibilidades de personalización. Pruebe a mezclar varias hierbas para desarrollar perfiles de sabor distintivos, o acentúe el aroma y el sabor añadiendo ingredientes como cáscaras de cítricos, especias o componentes florales. Sea creativo y deje que sus papilas gustativas dirijan sus descubrimientos.

Considere la posibilidad de utilizar edulcorantes naturales como la miel, el jarabe de arce o la estevia para aportar un toque de dulzor o características de sabor adicionales. Estos ingredientes pueden mejorar el sabor general del té equilibrando las notas herbáceas. Para darle más sabor y profundidad, también puede añadir rodajas de limón, hojas de menta fresca o un toque de canela.

Los infusores de té son dispositivos útiles para remojar hierbas sueltas, ya que facilitan su extracción y evitan que el material extraviado contamine la bebida. Para garantizar una infusión ideal y una limpieza sencilla, adquiera un infusor de alta calidad con malla fina.

Para dejar en infusión grandes cantidades de hierbas, las teteras con coladores integrados o coladores independientes son la elección ideal. Facilitan el vertido y el colado y garantizan una infusión sin problemas.

Los dispositivos de control de la temperatura, como las teteras eléctricas con temperatura regulable, garantizan una temperatura precisa del agua para los distintos tipos de té de hierbas. Con estas herramientas, se garantiza la consistencia del infusionado y se eliminan las conjeturas.

Saber cómo preparar la taza perfecta de té de hierbas mejora nuestra experiencia y nos permite apreciar plenamente los múltiples sabores, aromas y beneficios medicinales de las distintas hierbas. Cada paso, desde la elección del agua adecuada y las técnicas de infusión hasta los tiempos de remojo y la personalización, contribuye a elaborar una bebida deliciosa. Si comprendemos y ponemos en práctica estos principios, podremos mejorar nuestros rituales del té, disfrutar de los beneficios de las infusiones de hierbas y emprender un viaje de descubrimiento y deleite sensorial con cada sorbo.

Perfiles de sabor y combinaciones de hierbas

El mundo de los tés de hierbas está lleno de sabores, aromas y ventajas medicinales. Los aficionados al té pueden preparar mezclas armoniosas y deliciosas que deleiten los sentidos aprendiendo los entresijos de los perfiles de sabor y las combinaciones de hierbas. En esta sección examinaremos el concepto de las combinaciones de hierbas, la habilidad para comprender los perfiles de sabor y los consejos para preparar mezclas de té de hierbas atractivas y bien equilibradas.

Los diferentes sabores, olores y sensaciones asociados al consumo de tés de hierbas se conocen como perfiles de sabor. Comprender la complejidad de las mezclas de hierbas depende de poder identificar y describir estos elementos. Mientras que los olores recuerdan aromas que van desde los florales y afrutados hasta los terrosos y especiados, los sabores pueden dividirse en las principales sensaciones gustativas como dulce, ácido, amargo, salado y umami.

Cada planta tiene características de sabor distintivas que se suman a su perfil general. Por ejemplo, la manzanilla tiene un sabor delicado y floral, y la menta un gusto refrescante y mentolado. Los aficionados al té pueden crear mezclas bien equilibradas que enfaticen sabores particulares comprendiendo las características distintivas de cada hierba.

Las especies de plantas utilizadas, el entorno en el que crecen, cómo se cosechan y cómo se procesan son algunos de los factores que pueden afectar al sabor de las infusiones. Los perfiles de sabor de las hierbas se ven influidos por el clima, el suelo y la altitud en que se cultivan. Los sabores de las hierbas también pueden potenciarse o modificarse mediante la preparación posterior a la cosecha, como el secado o la fermentación.

Las combinaciones de hierbas se hacen combinando hábilmente varias plantas para producir mezclas más potentes que la suma de sus partes. La sinergia es la interacción armoniosa de los sabores, olores y cualidades medicinales de las hierbas mezcladas, que mejora toda la experiencia de beber té. Los sabores complementarios y contrastados deben considerarse cuidadosamente para crear una combinación bien equilibrada.

Las hierbas que tienen cualidades adecuadas o perfiles de sabor similares se combinan en maridajes complementarios. Por ejemplo, la manzanilla y la lavanda se combinan para producir una infusión calmante y floral, mientras que la hierba luisa y la hierba limón se combinan para producir una mezcla picante y energizante. Los maridajes complementarios producen una mayor intensidad de sabor y una experiencia gustativa más cohesiva.

Combinar hierbas con distintos perfiles de sabor produce maridajes contrastados, más complejos y polifacéticos. Por ejemplo, la combinación de la acidez del hibisco con la dulzura de la raíz de regaliz da como resultado un perfil de sabor vibrante y equilibrado. Las combinaciones contrastadas dan a las mezclas de hierbas profundidad e intriga, al tiempo que proporcionan una variedad de experiencias de sabor.

La versatilidad del té de hierbas ofrece infinitas posibilidades de personalización y experimentación de sabores, que es donde reside su encanto. Para crear mezclas que se adapten a sus gustos individuales, utilice su creatividad e intuición. Podrá experimentar cómodamente con combinaciones únicas que resuenen en su paladar a medida que se familiarice con hierbas específicas y sus propiedades.

Se aconseja a los principiantes que empiecen con mezclas sencillas compuestas por dos o tres hierbas. Con este método, se puede comprender mejor la contribución de cada hierba al perfil de sabor general. Se pueden ir incorporando mezclas más complejas a medida que aumente la confianza y los conocimientos, experimentando con distintas proporciones y combinaciones.

Para quienes disfrutan con el té, llevar un diario es un hábito útil. Anote los ingredientes de cada mezcla, las proporciones, los tiempos de remojo y sus comentarios personales. Esta documentación puede servir de guía para mejorar las recetas posteriores, comprender las preferencias de sabor y registrar las combinaciones eficaces.

La creación de mezclas de hierbas es un proceso iterativo. Para obtener el sabor ideal, es posible que tenga que experimentar con otras hierbas o ajustar las proporciones a medida que desarrolla su comprensión de los perfiles de sabor y explora nuevas combinaciones. Acepte el proceso de descubrimiento y alégrese de sus logros, así como de su potencial de crecimiento.

En el mundo de los tés de hierbas, comprender los perfiles de sabor y las combinaciones de hierbas abre un mundo de posibilidades creativas. Los aficionados al té pueden crear mezclas que alivien el paladar y alimenten el cuerpo explorando los matices de cada hierba, las combinaciones contrastadas y complementarias y la experimentación. Recuerde disfrutar de cada bebida en este delicioso viaje, llevar un diario de sus descubrimientos y difundir el amor por las infusiones entre los demás. ¡Brindemos por los innumerables sabores y placeres sensoriales que nos ofrece el té de hierbas!

Capítulo IV

Recetas de Té de Hierbas
para la Salud y el Bienestar

Recetas para calmarse y relajarse

Encontrar momentos de paz y relajación en nuestras aceleradas y a menudo estresantes vidas es crucial para nuestro bienestar general. Los tés elaborados con hierbas son conocidos desde hace mucho tiempo por sus efectos calmantes y su capacidad para favorecer la relajación. En esta sección examinaremos una selección de recetas calmantes y relajantes elaboradas con hierbas cuidadosamente seleccionadas y conocidas por sus propiedades sedantes. Con la ayuda de estas recetas, podrá recorrer el camino de la tranquilidad y experimentar momentos de descanso y rejuvenecimiento.

Las hierbas medicinales han sido utilizadas por las civilizaciones a lo largo de la historia para inducir la calma y la relajación. La investigación científica ha confirmado que los compuestos naturales de ciertas plantas tienen efectos calmantes sobre el cuerpo y la mente. Estas cualidades se aprovechan en las hierbas en infusión, que nos dan acceso a sus efectos calmantes y antiestrés.

Además de tratar nuestra salud corporal, los tés de hierbas para la relajación también ayudan a nuestro bienestar emocional y mental. Estos tés fomentan la calma, lo que ayuda a disminuir el estrés, mejorar el sueño, aliviar la tensión y reequilibrar todo nuestro ser. Estos tés pueden ayudarnos a dar prioridad al autocuidado y a reservar momentos de paz en nuestros horarios habituales.

Sueño de manzanilla. En esta receta, la manzanilla, muy conocida por sus efectos calmantes y relajantes, es la protagonista. La calmante combinación de flores secas de manzanilla y brotes de lavanda favorece la relajación y un sueño reparador. Los sutiles sabores florales producen una taza calmante que fomenta la paz mental.

Serenata de Lavanda. El ingrediente dominante de esta mezcla es la lavanda, apreciada por su aroma calmante. Combine hojas de melisa y flores secas de lavanda para crear una deliciosa infusión que le ayude a relajarse y calmar la ansiedad. Las propiedades aromáticas de la lavanda producen una atmósfera calmante que le ayudará a relajarse.

Mezcla de Menta. La base de esta mezcla está compuesta principalmente por hojas de menta por sus cualidades refrigerantes y refrescantes. Para crear una sinfonía mentolada que reavive los sentidos y reduzca el estrés, combine hojas de menta verde y de menta piperita. El aroma energizante de la menta y sus propiedades calmantes proporcionan una experiencia revitalizante y apacible.

Dicha de Verbena de Limón. En esta receta, la hierba luisa, con sus matices cítricos y energizantes, es el ingrediente principal. Combine flores de manzanilla con hojas secas de hierba luisa para obtener una deliciosa mezcla que favorece la relajación y eleva el ánimo. Los efectos relajantes de la manzanilla se ven reforzados por la fragancia cítrica de la hierba luisa.

Prepare estas relajantes mezclas con hierbas secas de alta calidad. La manzanilla y la lavanda son dos hierbas comunes que deben combinarse en cantidades iguales. Puede cambiar las proporciones según sus preferencias. Experimentando, puede modificar la receta para adaptarla a sus gustos.

Utilice un infusor de té o un colador para remojar mezclas de hierbas sueltas en agua caliente. Dependiendo de la intensidad que desee, deje reposar las hierbas entre 5 y 10 minutos. Para conservar los olores y favorecer una infusión más aromática, puede tapar la taza o la tetera durante el tiempo de infusión.

Aunque estas recetas son deliciosas por sí solas, no dude en modificarlas para adaptarlas a sus preferencias. Para obtener un sabor más dulce o ácido, piense en incluir un chorrito de limón o una pequeña cantidad de miel. Para una relajación más eficaz, añade otras hierbas relajantes a las recetas, como pasiflora o raíz de valeriana.

Mientras prepara su taza de té relajante, practique la preparación consciente. Concéntrese en el aroma que inunda la habitación, el calor de la taza en sus manos y el momento de paz que se avecina. Acepte el ritual de preparar el té como un medio de cuidado personal y un descanso del ajetreo y el bullicio de la vida cotidiana.

Permítase sumergirse totalmente en el momento presente mientras disfruta de cada sorbo de su relajante combinación de hierbas. Preste atención a las texturas, los sabores y las sensaciones que surgen en su paladar. Con cada trago, inspire profundamente y deje salir cualquier preocupación o ansiedad mientras abraza la tranquilidad que le aporta.

Mejore la experiencia de tomar el té creando un entorno tranquilo. Busca una zona tranquila con elementos relajantes, como luz tenue, música relajante o difusores de aromaterapia que emitan esencias tranquilas. Disfrute de una atmósfera apacible que combina a la perfección con los beneficios calmantes de los tés de hierbas.

En nuestras aceleradas vidas, las recetas para la calma y la relajación proporcionan una vía hacia la tranquilidad y el rejuvenecimiento. Estas mezclas ofrecen un descanso de las preocupaciones del día utilizando el poder de hierbas cuidadosamente seleccionadas, fomentando la tranquilidad y el bienestar. Disfrute de los rituales de relajación, abrace el arte de preparar el té y deje que estas infusiones de hierbas le lleven a momentos serenos y tranquilos. Que cada bebida le acerque un poco más a la paz y la tranquilidad interiores.

Recetas para reforzar la inmunidad y el bienestar general

Para llevar una vida sana y plena, es esencial mantener un sistema inmunitario robusto y el bienestar general. En esta sección, veremos una selección de recetas creadas específicamente para nutrir el cuerpo y apoyar y fortalecer el sistema inmunitario. Estas recetas hacen uso de una variedad de hierbas e ingredientes que estimulan el sistema inmunitario, proporcionando un método sabroso para reforzar las defensas incorporadas del organismo.

Las hierbas y los ingredientes famosos por sus cualidades inmunoestimulantes han sido esenciales para promover la salud humana a lo largo de la historia. Estas maravillas botánicas están repletas de nutrientes vitales, antioxidantes y compuestos bioactivos que favorecen la salud del sistema inmunitario y el bienestar general.

Además de ofrecer defensa contra enfermedades e infecciones, las recetas de refuerzo inmunitario también aportan otros beneficios. Aportan al organismo una variedad de vitaminas, minerales y fitoquímicos que favorecen numerosos procesos corporales y promueven la buena salud. Estas recetas pueden ayudarnos a nutrir nuestra vitalidad y mejorar nuestro bienestar general añadiéndolas a nuestra dieta.

Zumo de cítricos. La equinácea y el saúco, dos hierbas que ayudan al sistema inmunitario, se combinan con cítricos en este brebaje refrescante. Los cítricos, ricos en vitamina C, y las hierbas con efectos antiinflamatorios se combinan para mejorar la salud del sistema inmunitario y proporcionar una explosión de sabores energizantes.

Infusión de especias y jengibre. En esta mezcla, el ingrediente principal es el jengibre, muy conocido por sus efectos antiinflamatorios y antioxidantes. Para obtener una infusión cálida y estimulante del sistema inmunitario, mezcle raíz de jengibre con cúrcuma, canela y una pizca de pimienta negra. La sabrosa combinación de especias despierta los sentidos y favorece el bienestar total.

Elixir verde. Combinar hierbas que refuerzan el sistema inmunitario, como el ginseng y el astrágalo, con té verde, una rica fuente de antioxidantes, puede mejorar su salud. Para obtener un elixir refrescante e inmunizante que favorezca el bienestar físico y mental, añade un toque de limón y miel.

Batido Berry Bliss. Este colorido batido combina hierbas que refuerzan el sistema inmunitario, como la rosa mosqueta y el hibisco, con bayas ricas en antioxidantes, como los arándanos y las fresas. Este batido es una delicia sana e inmune que repone el cuerpo con nutrientes vitales cuando se mezcla con una base de yogur o leche vegetal.

Elabore sus recetas de refuerzo inmunitario con ingredientes frescos y de alta calidad para ofrecer el mejor valor nutritivo y el mejor sabor. Para aprovechar al máximo cada ingrediente, busca frutas maduras, hierbas saludables y edulcorantes naturales.

Utilice los métodos de mezcla o infusión adecuados según la receta. Para extraer los beneficios medicinales de las hierbas, remójelas en agua hirviendo durante el tiempo necesario. Mezcle los ingredientes de los batidos hasta que estén suaves y cremosos, ajustando la consistencia a sus preferencias.

Puede modificar las recetas para adaptarlas a sus necesidades dietéticas y preferencias gustativas. Para adaptar las recetas a sus propios objetivos de bienestar, pruebe a experimentar con distintas proporciones de componentes, niveles de dulzor y la adición de hierbas y superalimentos que refuercen el sistema inmunitario.

Acostúmbrese a alimentar su cuerpo con recetas de refuerzo inmunitario todos los días. Tómese una infusión de cítricos para empezar el día o un elixir verde para animarse por la tarde. Incorpore el batido de bayas bliss como tentempié cargado de nutrientes y saboree la infusión de especias de jengibre por la noche para relajarse.

Recuerde que un enfoque integral del bienestar general incluye algo más que recetas de refuerzo inmunitario. Para reforzar su sistema inmunitario y fomentar la vitalidad, combine estas recetas con ejercicio regular, suficientes horas de sueño, estrategias para controlar el estrés y una dieta equilibrada.

Una forma deliciosa y saludable de ayudar a los mecanismos de defensa naturales del organismo es mediante recetas para mejorar la inmunidad y el bienestar general. Podemos fortalecer nuestro sistema inmunitario, aumentar la vitalidad y promover la salud general incorporando hierbas, frutas e ingredientes de refuerzo inmunitario a nuestras rutinas diarias. Aproveche el poder de estas recetas, personalícelas según sus preferencias y prepárese para embarcarse en un viaje hacia la salud y la resistencia óptimas. Que cada comida y bebida sea un paso hacia una vida plena y feliz.

Recetas para la digestión y la desintoxicación

La salud general y la energía dependen de un sistema digestivo sano. En la sociedad actual, nuestro cuerpo está expuesto con frecuencia a toxinas y factores de estrés que pueden afectar a nuestra digestión. En esta sección, veremos una selección de platos creados pensando en la digestión y la limpieza. Estas recetas utilizan ingredientes con beneficios digestivos registrados en un esfuerzo por restablecer la armonía y el equilibrio en nuestro organismo.

Nuestro cuerpo utiliza el proceso digestivo para descomponer y absorber los nutrientes de los alimentos que consumimos. Este proceso, en el que intervienen numerosos órganos y enzimas, garantiza la absorción eficaz de los nutrientes y la eliminación de los residuos.

El término "desintoxicación" describe el proceso normal del organismo para deshacerse de residuos y toxinas. Para neutralizar y eliminar los compuestos tóxicos, colaboran el sistema linfático, el hígado y otros órganos. Mantener una buena salud requiere apoyar las vías de desintoxicación.

Batido verde depurativo. En este refrescante batido se combinan pepino hidratante, limón ácido y verduras depurativas como espinacas, col rizada y perejil. Las verduras con mucha fibra facilitan la digestión y el limón ayuda al hígado a desintoxicarse. Beba un poco de esta vibrante mezcla para obtener un poco de bondad purificadora en su día.

Infusión de jengibre y cúrcuma. Los beneficios del jengibre y la cúrcuma para el sistema digestivo son bien conocidos. Para una mejor absorción, utilice jengibre fresco rallado, cúrcuma y un toque de pimienta negra. Remójelo en agua hirviendo para preparar una infusión calmante que mejore la salud en general, calme la inflamación y ayude a la digestión.

Ensalada enzimática de papaya y piña. Las enzimas naturales que se encuentran en la papaya y la piña, como la papaína y la bromelina, ayudan a descomponer las proteínas y facilitan una mejor digestión. Para una ensalada ligera y energizante que promueva la salud digestiva, combina estas frutas tropicales con una pizca de chile en polvo y zumo de lima.

Té de hinojo y menta. El hinojo y la menta se utilizan desde hace mucho tiempo como digestivos. Para preparar un té calmante, combine hojas secas de menta e hinojo con agua hirviendo. Esta mezcla alivia la hinchazón, calma el estómago y alivia las molestias del aparato digestivo.

Para potenciar el contenido nutricional y reducir el consumo de pesticidas y toxinas, elija ingredientes frescos y ecológicos. Se reciben todos los beneficios de los ingredientes si se eligen productos de alta calidad.

Utilice los métodos previstos para cada receta. Los alimentos deben masticarse lenta y conscientemente para favorecer la digestión y mejorar la absorción de nutrientes. Los ingredientes deben mezclarse adecuadamente para generar texturas suaves y cremosas. Las hierbas y especias deben infusionarse durante el tiempo necesario para extraer sus beneficios para la salud.

Piense en acompañar estas recetas con comidas ricas en probióticos, como yogur o verduras fermentadas. Los probióticos favorecen la digestión y la salud intestinal en general al promover una población equilibrada de bacterias buenas en el estómago.

Si mastica los alimentos por completo, disfruta de cada bocado y se concentra en las señales de hambre y saciedad, puede practicar la alimentación consciente. Al mejorar la digestión, este ejercicio favorece una relación positiva con la comida.

Beber mucha agua y seguir una dieta rica en fibra favorece un sistema digestivo sano. Mientras que la fibra da volumen a las heces y favorece la regularidad, el agua ayuda al movimiento de los residuos a través del sistema digestivo.

Incorpore estrategias de reducción del estrés a su rutina diaria, ya que el estrés puede perjudicar la digestión. Practique técnicas de reducción del estrés como la meditación, el yoga o escribir un diario para mejorar la armonía digestiva.

Las recetas para la desintoxicación y la digestión proporcionan un medio para devolver la armonía y el equilibrio a nuestro organismo. Estas recetas fomentan una digestión saludable, ayudan a la limpieza y promueven el bienestar general integrando ingredientes con cualidades digestivas establecidas. Aproveche la fuerza de estas recetas, hágalas suyas y emprenda el camino hacia el bienestar digestivo. Que cada bocado y sorbo le acerquen a una vida plena y equilibrada.

Recetas para la energía y la concentración

Un alto nivel de energía y una concentración sostenida son cruciales para la productividad en nuestra acelerada vida moderna, así como para el bienestar general. En esta sección veremos una selección de recetas diseñadas para aumentar la energía y mejorar la claridad mental. Estas recetas incluyen nutrientes que han demostrado ser estimulantes y potenciar el cerebro, ofreciendo un método sano y natural para alimentar nuestro cuerpo y mejorar nuestra concentración.

Nuestros cuerpos y pensamientos funcionan con energía. Es necesaria para realizar las tareas diarias, preservar la función cognitiva y alcanzar nuestros objetivos. Podemos movernos por la vida con vitalidad y pasión cuando nuestros niveles de energía son estables y equilibrados.

La concentración es la capacidad de prestar atención a una tarea o concepto, mientras que la claridad mental es la cualidad de tener un proceso cognitivo claro y ordenado. Ambas son esenciales para alcanzar objetivos, tomar decisiones y mantenerse presente en el momento.

Batido de energía verde. Las verduras de hoja verde, como las espinacas y la col rizada, se combinan con frutas ricas en nutrientes, como los plátanos y las bayas, para crear este colorido batido. Para aumentar las proteínas y las grasas buenas, añada una cucharadita de mantequilla de frutos secos. Fibra, vitaminas, minerales y antioxidantes trabajan juntos para ofrecer energía prolongada y claridad mental.

Matcha Latte. El matcha, una versión en polvo del té verde, es famoso por su mezcla especial de aminoácidos calmantes y cafeína. El polvo de matcha debe combinarse con agua caliente o con la leche que prefieras y, a continuación, endulzarlo ligeramente con edulcorantes naturales. El resultado final es una bebida espumosa y energizante que favorece el estado de alerta y la claridad mental.

Ensalada potenciadora del cerebro. Prepare una ensalada con ingredientes que estimulen el cerebro, como aguacate, nueces, arándanos y verduras de hoja verde. Estos ingredientes están llenos de grasas beneficiosas, antioxidantes y nutrientes vitales que fomentan la concentración, favorecen la salud cerebral y le proporcionan energía duradera durante todo el día.

Infusión de cúrcuma y jengibre. Por sus beneficios terapéuticos, el jengibre y la cúrcuma se utilizan desde hace mucho tiempo. Se infusiona agua caliente con cúrcuma y jengibre recién rallados. Se añade zumo de limón y miel para darle sabor. Además de aumentar la energía y favorecer la función cognitiva, esta infusión calmante también reduce la inflamación.

Asegúrese de que sus recetas contengan un equilibrio saludable de macronutrientes (hidratos de carbono, proteínas y grasas) y micronutrientes (vitaminas y minerales). Una dieta equilibrada favorece tanto el funcionamiento saludable del cerebro como la producción general de energía.

La deshidratación puede causar fatiga y falta de concentración, por lo que hay que beber mucha agua a lo largo del día. Para que el cerebro y el metabolismo energético funcionen a pleno rendimiento, el agua es necesaria.

Si aprecia los sabores, las texturas y las fragancias de sus comidas, puede practicar la alimentación consciente. La alimentación consciente favorece la sensación de satisfacción y mejora la digestión y la absorción de nutrientes.

Haga ejercicio con frecuencia para mejorar los niveles de energía, la circulación y el flujo de oxígeno al cerebro. Busque actividades que le apetezcan e inclúyalas en su agenda.

Duerma lo suficiente para que su cuerpo y su mente se refresquen. Para fomentar un sueño reparador, esfuércese por mantener un horario de sueño regular y crear un ambiente que favorezca el sueño.

Reduzca los niveles de estrés mediante estrategias que incluyan ejercicios de respiración profunda, meditación o aficiones. El estrés crónico puede agotar las energías y dificultar la concentración.

Las recetas de energía y concentración ofrecen un método sano y natural para mantener los niveles de energía, mejorar la claridad mental y tener éxito en la vida diaria. Podemos nutrir nuestro cuerpo y concentrarnos mejor comiendo nutrientes con cualidades energéticas y potenciadoras del cerebro. Acepte el poder de estas recetas, ajústelas a sus preferencias y emprenda un viaje hacia la energía duradera, la concentración y el bienestar general. Que cada bocado y cada sorbo sean un paso hacia una vida plena y llena de sentido.

Capítulo V

Té de Hierbas
para Dolencias Específicas

Tés de hierbas para dolores de cabeza y migrañas

Tanto las migrañas como los dolores de cabeza son afecciones frecuentes que pueden influir considerablemente en nuestra vida cotidiana. A pesar de que existen numerosos métodos para tratar estas enfermedades, los tés de hierbas proporcionan un tratamiento que es a la vez natural y calmante. En esta sección hablaremos de varios tés de hierbas seleccionados por su potencial para aliviar los dolores de cabeza y las migrañas. Estos tés contienen componentes bien conocidos por sus cualidades sedantes y analgésicas. Como resultado, ofrecen un método calmante y tranquilizador para obtener alivio de los síntomas de estos terribles trastornos.

Las migrañas y los dolores de cabeza afectan a millones de personas en todo el mundo, lo que les provoca dolor y malestar, así como una importante disminución de su productividad y de su calidad de vida en general. Es esencial conocer a fondo las causas subyacentes y los factores desencadenantes de estos trastornos para poder tratarlos con éxito.

Existen numerosas variedades de cefaleas, las más comunes de las cuales son las cefaleas sinusales, seguidas de las cefaleas tensionales, las migrañas y las cefaleas en racimos. Cada tipo tiene unas características únicas y puede responder mejor a una estrategia de tratamiento adaptada específicamente a él. La tensión muscular y el estrés mental son factores clave del tipo más común de cefalea, conocida como cefalea tensional. Las migrañas, por su parte, son dolores de cabeza más intensos que suelen ir acompañados de síntomas como sensibilidad a la luz y el sonido, náuseas y vómitos.

Hay varios factores que pueden desencadenar dolores de cabeza y migrañas, como el estrés emocional, los cambios en los niveles hormonales, determinadas comidas, elementos del entorno y estímulos sensoriales. Cuando se trata de un cuidado eficaz y de evitar futuros episodios, es absolutamente necesario determinar los desencadenantes específicos. Llevar un diario de las cefaleas puede ser útil para identificar los desencadenantes y patrones probables, lo que puede aportar información significativa para el desarrollo de un plan de tratamiento específico.

Desde la antigüedad, la gente ha recurrido a los tés de hierbas para aliviar diversos dolores, incluidos los dolores de cabeza y las migrañas. Los tés elaborados con las siguientes hierbas son bien conocidos por su capacidad para aliviar los síntomas y mejorar la salud y el bienestar general:

El té elaborado con menta piperita es muy aclamado por su capacidad para calmar y refrescar el paladar. Al contener mentol, puede ayudar a relajar los músculos y reducir la sensación de tensión. Se ha demostrado que el consumo de té de menta puede ser especialmente útil para reducir las cefaleas tensionales, provocadas con frecuencia por el estrés y la tensión muscular. La ingestión de una taza caliente de té de menta puede proporcionar un alivio inmediato y ayudar a sentirse más relajado.

Son bien conocidos los efectos relajantes y calmantes que puede tener el té de manzanilla. Debido a que incluye compuestos que se unen a los receptores del cerebro, tiene la capacidad de reducir la ansiedad y promover la relajación. El consumo de manzanilla puede aliviar los dolores de cabeza provocados por el estrés, las preocupaciones o la falta de sueño. Si quiere evitar dolores de cabeza en mitad de la noche, tomar una taza de manzanilla antes de acostarse puede ayudarle a sentirse más relajado, lo que le permitirá dormir más plácidamente.

El jengibre tiene una larga historia de uso como medicina alternativa para el tratamiento de diversas afecciones, incluidos los dolores de cabeza. Por sus propiedades antiinflamatorias y analgésicas, puede ayudar a reducir la gravedad y la duración de las migrañas. Gracias a sus efectos sobre la circulación sanguínea y la inflamación, el té de jengibre puede aliviar a los migrañosos, sobre todo a aquellos cuyos dolores de cabeza van acompañados de náuseas. Se sabe que el té de jengibre reduce la gravedad de ciertas dolencias y favorece la salud y el bienestar general.

Las cualidades aromáticas y calmantes de la lavanda la han convertido en una hierba popular durante siglos. Se ha utilizado durante siglos para ayudar a la gente a relajarse, reducir los efectos del estrés y aliviar los dolores de cabeza. Quienes padecen dolores de cabeza y migrañas, sobre todo los provocados por el estrés y las preocupaciones, pueden encontrar alivio consumiendo té de lavanda. El relajante aroma de la lavanda, unido a las propiedades sedantes de la planta, puede ayudar a aliviar el dolor de cabeza y producir una sensación general de bienestar.

Es fundamental preparar y utilizar los tés de hierbas de la forma adecuada para obtener el máximo beneficio de su uso para aliviar los dolores de cabeza. Tenga en cuenta los siguientes factores:

Elija siempre hierbas e ingredientes de alta calidad si desea aprovechar al máximo su potencial terapéutico. Elija hierbas ecológicas siempre que sea posible para reducir el contacto con pesticidas y productos químicos potencialmente nocivos.

Es importante utilizar los métodos de preparación recomendados para aprovechar al máximo las hierbas. Es importante dejar reposar los tés de hierbas el tiempo recomendado para que el agua se impregne de los ingredientes beneficiosos. Para obtener una bebida suave como la seda y agradable de beber, cuele la infusión según las instrucciones.

Para identificar las mezclas de hierbas que mejor le funcionan, debe probar distintas combinaciones y cantidades de cada hierba. Ajusta el tiempo de infusión, la temperatura y la cantidad de hierbas para conseguir el sabor y la intensidad deseados.

Aunque consumir tés de hierbas puede ayudar a aliviar el dolor de cabeza y las migrañas, incorporarlos a un plan de tratamiento holístico puede potenciar la eficacia de los tés. Tenga en cuenta los siguientes factores:

Llevar un diario de los dolores de cabeza podría ayudarte a identificar las posibles causas y patrones de los mismos. Este conocimiento le permitirá determinar con exactitud las causas de sus dolores de cabeza, lo que a su vez le permitirá introducir mejoras informadas en su estilo de vida. Puede reducir la gravedad y frecuencia de sus dolores de cabeza evitando los desencadenantes que los provocan.

La mayoría de las personas que sufren cefaleas y migrañas atribuyen su dolor al estrés. Para reducir los niveles de estrés, es importante utilizar técnicas de control del estrés como la meditación, ejercicios de respiración profunda y disfrutar de aficiones. Tanto la frecuencia como la gravedad de los dolores de cabeza pueden empeorar con el estrés crónico. Los efectos de los tés de hierbas pueden complementarse añadiendo a la agenda diaria actividades que alivien el estrés.

La hidratación en los niveles adecuados y el mantenimiento de una dieta sana y equilibrada son necesarios para una salud general óptima y pueden ayudar a prevenir los dolores de cabeza. Los dolores de cabeza pueden deberse a factores como la deshidratación y los desequilibrios nutricionales. Asegúrese de mantenerse hidratado a lo largo del día bebiendo suficiente agua y consuma una amplia variedad de alimentos ricos en nutrientes, ya que ambos contribuirán a su salud general.

Es importante que pida consejo a un profesional sanitario si sus dolores de cabeza o migrañas se prolongan durante mucho tiempo o si tienen un gran impacto en su vida diaria. Ellos pueden realizar una evaluación completa, diagnosticar cualquier problema subyacente y ofrecer recomendaciones sobre las opciones de tratamiento más adecuadas.

El alivio de los dolores de cabeza y las migrañas puede lograrse de forma suave y natural bebiendo infusiones. Estos tés son capaces de ayudar a aliviar el estrés, reducir la inflamación y promover la relajación, ya que incluyen componentes que son a la vez relajantes y analgésicos. Aproveche el poder de los tés de hierbas, modifíquelos para adaptarlos a sus gustos e inclúyalos como parte de una estrategia global para el tratamiento de los dolores de cabeza y las migrañas. Que cada taza le proporcione el consuelo que tanto necesita y le acerque un paso más a la búsqueda del alivio y a sentirse mejor consigo mismo.

Tés de hierbas para el sueño y el insomnio

Nuestro nivel de salud física y mental está directamente influido por la calidad del sueño que tenemos, por eso el sueño es un componente tan importante de nuestro bienestar general. Por otra parte, un número significativo de personas lucha contra problemas asociados al sueño, como el insomnio y las noches inquietas. Los tés elaborados con hierbas se han utilizado durante siglos como medicinas naturales para aliviar la ansiedad y el estrés y para mejorar la calidad del sueño. En esta sección, hablaremos de una variedad de tés de hierbas que se han seleccionado en función de su capacidad para promover un sueño reparador y aliviar los síntomas del insomnio. Estos tés contienen compuestos bien conocidos por sus efectos sedantes, calmantes e inductores del sueño. Como resultado, ofrecen un método calmante y tranquilizador para mejorar la calidad de nuestro sueño.

El sueño es un factor muy importante para nuestro bienestar físico y mental. Durante el tiempo que dormimos, nuestro cuerpo es capaz de sanar, renovar y consolidar recuerdos. La fatiga, el deterioro de la función cognitiva, las emociones perturbadas y una mayor probabilidad de desarrollar enfermedades crónicas son consecuencias potenciales de un sueño de calidad insuficiente.

El insomnio es un problema común del sueño que puede manifestarse como dificultad para conciliar el sueño, dificultad para mantenerlo o una experiencia de sueño que no es reparadora. Hay varios factores que pueden provocar esta enfermedad, como la ansiedad, el estrés, los malos hábitos de sueño, los trastornos médicos y los medicamentos. Para tratar eficazmente el insomnio, es necesario determinar primero las razones subyacentes de la afección y, a continuación, poner en práctica métodos eficaces que favorezcan el sueño.

Los tés elaborados con hierbas proporcionan un método natural y calmante que puede ayudar a mejorar la calidad del sueño y reducir los síntomas del insomnio. Los siguientes tés contienen componentes bien conocidos por sus propiedades sedantes e inductoras del sueño:

Una de las infusiones más conocidas y consumidas para inducir el sueño es la manzanilla. Contiene compuestos que se unen a los receptores del cerebro, lo que a su vez reduce la ansiedad e induce un estado de relajación en el usuario. Se ha demostrado que consumir té de manzanilla en las horas previas a acostarse ayuda a relajar la mente, reduce la sensación de tensión y facilita conciliar el sueño y permanecer dormido.

Desde la antigüedad, las personas que padecen insomnio han recurrido a remedios naturales como la raíz de valeriana. Se sabe que el té de raíz de valeriana tiene cualidades sedantes, que pueden ayudar a relajar la mente e inducir el sueño. Las personas que padecen insomnio pueden beneficiarse del uso de esta hierba, ya que puede acortar el tiempo que se tarda en conciliar el sueño y mejorar la calidad general del sueño.

Los efectos relajantes y calmantes de la lavanda le han granjeado una merecida reputación. El té hecho con lavanda puede ayudar a aliviar los sentimientos de ansiedad, facilitar la relajación y hacer que el sueño sea más reparador. La combinación de su aroma relajante y sus efectos calmantes puede crear una atmósfera propicia para un sueño reparador.

La melisa es un tipo de hierba que se utiliza comúnmente por sus cualidades sedantes y estimulantes del estado de ánimo. Puede ayudar a reducir la ansiedad, relajar y aumentar la calidad del sueño. El té de melisa puede ser especialmente beneficioso para las personas que tienen problemas para conciliar el sueño o permanecer dormidos debido a la ansiedad o nerviosismo.

Es esencial preparar y consumir correctamente los tés de hierbas para aprovechar al máximo los beneficios potenciales que ofrecen para tratar los problemas de sueño y el insomnio. Tenga en cuenta lo siguiente:

Elija siempre hierbas e ingredientes de alta calidad si quiere aprovechar al máximo su potencial terapéutico. Elija hierbas ecológicas siempre que sea posible para reducir el contacto con pesticidas y productos químicos potencialmente nocivos.

Es importante utilizar los métodos de preparación recomendados para aprovechar al máximo las hierbas. Es importante dejar reposar los tés de hierbas el tiempo recomendado para que el agua se impregne de los ingredientes beneficiosos. Para obtener una bebida suave como la seda y agradable de beber, cuele el té según las instrucciones.

Puede enviar una señal tanto a su cuerpo como a su mente de que es hora de relajarse y prepararse para dormir incorporando el consumo de tés de hierbas a su rutina nocturna. Puede relajarse y olvidarse de las preocupaciones del día creando un entorno relajante, apagando las luces y saboreando una taza de té caliente mientras lo hace.

La eficacia de los tés de hierbas para mejorar la calidad del sueño y combatir el insomnio puede aumentar considerablemente si se combinan unos hábitos de sueño saludables y una rutina regular antes de acostarse. Tenga en cuenta lo siguiente:

Establezca un espacio propicio para el sueño haciéndolo tenue, silencioso y lo más acogedor posible. Utilice tapones para los oídos, cortinas opacas o una máquina de ruido blanco para reducir la cantidad de perturbaciones del mundo exterior que pueden impedirle conciliar el sueño.

Acostúmbrese a acostarse y levantarse a la misma hora todos los días para crear un horario regular de sueño. Esto contribuye a regular el reloj interno de su cuerpo y fomenta un ciclo regular de sueño-vigilia.

Potencie la respuesta de relajación y prepare su mente y su cuerpo para el sueño combinando tés de hierbas con técnicas de relajación como ejercicios de respiración profunda, meditación o estiramientos suaves. La combinación de estas actividades le ayudará a prepararse para dormir.

Lo mejor es evitar tomar estimulantes como la cafeína, la nicotina y el alcohol en las horas previas a acostarse, ya que hacerlo podría reducir la calidad del sueño y dificultar la conciliación del sueño.

Es importante que busque el consejo de un experto sanitario si los problemas asociados al sueño persisten o tienen un impacto importante en sus actividades cotidianas. Ellos pueden realizar una evaluación exhaustiva, diagnosticar cualquier problema subyacente y ofrecer recomendaciones sobre las opciones de tratamiento más adecuadas.

Los tés elaborados con hierbas ofrecen un remedio calmante y totalmente natural para aliviar los síntomas del insomnio y favorecer un sueño reparador. Estos tés son capaces de ayudar a relajar la mente, disminuir los sentimientos de ansiedad y promover una experiencia de sueño reparador, ya que contienen ingredientes que son calmantes e inducen el sueño. Para aprovechar al máximo los beneficios de los tés de hierbas, intente incorporarlos a su rutina nocturna, desarrollar hábitos de sueño saludables y cultivar una atmósfera que conduzca a un sueño reparador. Aproveche el poder de los tés de hierbas como terapia holística y calmante para el sueño y el insomnio, y que cada taza sea un paso relajante hacia noches tranquilas y mañanas revitalizadas.

Muchas personas sufren enfermedades comunes como resfriados y congestión durante la temporada de gripe y resfriados. Estas dolencias pueden resultar incómodas, interferir en las tareas cotidianas y perjudicar nuestro bienestar general. Los tés elaborados con hierbas se utilizan desde hace mucho tiempo como remedios naturales contra la congestión y los síntomas del resfriado. En esta sección, veremos una selección de tés de hierbas que han sido cuidadosamente seleccionados por su capacidad para promover la inmunidad, aliviar la congestión respiratoria y proporcionar un alivio calmante. Estos tés contienen ingredientes con cualidades antivirales, antibacterianas y expectorantes, proporcionando un método calmante y totalmente natural para tratar los resfriados y la congestión.

El resfriado común, una infección vírica, afecta sobre todo a la nariz y la garganta. Goteo o congestión nasal, dolor de garganta, tos, estornudos y agotamiento son algunos de sus síntomas. Aunque pueden ser molestos e influir en la vida cotidiana, los resfriados suelen ser leves y autolimitados.

La obstrucción o constricción de las vías respiratorias, provocada normalmente por una producción excesiva de mucosidad o inflamación, se denomina congestión respiratoria. Puede provocar congestión nasal, congestión torácica, problemas respiratorios y pesadez en el pecho.

Los tés de hierbas son una forma segura y calmante de tratar los síntomas del resfriado y la congestión. Se ha demostrado que los ingredientes de los siguientes tés tienen efectos inmunoestimulantes, antibacterianos y expectorantes:

El saúco es una potente hierba antivírica que puede reforzar la inmunidad, acortar la duración de los síntomas del resfriado y disminuir su intensidad. El té elaborado con bayas de saúco alivia las molestias y ayuda a los mecanismos de defensa del organismo.

Los beneficios de la equinácea para mejorar el sistema inmunitario son bien conocidos. El té de equinácea ayuda a reducir la inflamación, reforzar el sistema inmunitario y tratar los síntomas del resfriado. Es especialmente útil cuando se toma en cuanto empieza a desarrollarse el resfriado.

Gracias a sus propiedades expectorantes y descongestionantes, la menta puede ayudar a eliminar la congestión nasal y aliviar el dolor de garganta. Por su sabor y aroma calmantes, el té de menta es la bebida preferida para tratar los resfriados.

Por sus propiedades antibacterianas y antiinflamatorias, el jengibre puede ayudar a reducir la tos, el dolor de garganta y la congestión. Además, el té de jengibre, cálido y calmante, ayuda a sentirse mejor en general cuando se está resfriado.

Es fundamental preparar y consumir correctamente los tés de hierbas para el resfriado y la congestión a fin de aprovechar al máximo sus beneficios potenciales para la salud. Piense en lo siguiente:

Para garantizar una potencia y unas ventajas medicinales óptimas, elija hierbas e ingredientes de primera calidad. Cuando sea posible, elija hierbas ecológicas para reducir su exposición a pesticidas y productos químicos.

Para una extracción óptima de las hierbas, utilice las técnicas de preparación sugeridas. Deje reposar los tés de hierbas durante el tiempo recomendado para que los ingredientes beneficiosos se impregnen en el agua. Para obtener un té suave y delicioso, cuélelo bien.

Para aprovechar todas las ventajas de los tés de hierbas para el resfriado y la congestión, consúmalos con frecuencia a lo largo del día. Dependiendo de las preferencias personales y de la gravedad de los síntomas, ajuste la dosis y la frecuencia.

Para obtener un alivio adicional de los síntomas del resfriado y la congestión, piense en combinar los tés de hierbas con los siguientes tratamientos:

Despejar las vías respiratorias y reducir la congestión nasal son dos beneficios de la inhalación de vapor. Inhale el vapor creado añadiendo unas gotas de aceites esenciales de eucalipto o menta al agua hirviendo.

Beba mucho líquido, como agua, infusiones y sopas claras, para mantenerse hidratado. Beber suficiente agua diluye la mucosidad y facilita su eliminación.

Dele a su cuerpo tiempo suficiente para descansar y recuperarse del resfriado. Haga de las rutinas de autocuidado, como dormir lo suficiente, utilizar técnicas de reducción del estrés y alimentarse bien, una prioridad.

Es fundamental acudir al médico para obtener un diagnóstico preciso y el mejor tratamiento si los síntomas del resfriado persisten o empeoran. Además de las prácticas de autocuidado, algunas enfermedades pueden requerir intervención médica.

Los tés de hierbas ofrecen una forma calmante y totalmente natural de reducir las molestias provocadas por los resfriados y la congestión. Estos tés pueden ayudar a aliviar los síntomas, apoyar los mecanismos de defensa naturales del cuerpo y promover el bienestar general durante un resfriado, ya que contienen ingredientes inmunoestimulantes y expectorantes. Incorpore los tés de hierbas a su rutina habitual, cuídese y busque ayuda médica si es necesario. Como tratamiento pacífico y totalmente natural para los resfriados y la congestión, abrace el poder curativo de los tés de hierbas, y que cada taza le ofrezca un alivio calmante y una vitalidad renovada.

Tés de hierbas para el estrés y la ansiedad

El estrés y la ansiedad se están convirtiendo en problemas comunes para muchas personas en el acelerado mundo actual. Nuestra salud mental y emocional puede verse considerablemente afectada por estas enfermedades, lo que puede mermar nuestra calidad de vida. Los tés de hierbas proporcionan consuelo y relajación a la vez que ofrecen un enfoque natural y completo para reducir el estrés y la ansiedad. En esta sección veremos una variedad de tés de hierbas que han sido elegidos por su capacidad para crear equilibrio emocional, relajar la mente y calmar el cuerpo. Estos tés contienen componentes conocidos por sus cualidades nerviosas, adaptógenas y ansiolíticas, que proporcionan un remedio calmante y moderado para el estrés y la ansiedad.

La reacción del cuerpo ante circunstancias exigentes, ya sean mentales, emocionales o físicas, es el estrés. Si bien cierto estrés puede ser necesario en circunstancias específicas, el estrés excesivo o continuado puede perjudicar nuestra salud.

La ansiedad se caracteriza por una preocupación, miedo o inquietud excesivos y continuos. Puede mostrar síntomas de ansiedad social, trastorno de pánico, trastorno de ansiedad generalizada u otras enfermedades asociadas. Los efectos de la ansiedad pueden reducir drásticamente el funcionamiento cotidiano y la calidad de vida en general.

Los tés elaborados con hierbas ofrecen un método seguro y calmante para controlar el estrés y reducir la ansiedad. Se ha demostrado que los ingredientes de los siguientes tés calman, relajan y mejoran el estado de ánimo:

Es bien sabido que la lavanda tiene propiedades calmantes y relajantes. El té hecho con lavanda puede ayudarle a sentirse menos ansioso, a dormir mejor y a estar menos inquieto. Es una gran opción para tratar el estrés por su suave aroma y sus cualidades calmantes.

Una terapia herbal muy apreciada para relajarse y reducir el estrés es el té de manzanilla. Contiene compuestos que se unen a los receptores cerebrales para disminuir la ansiedad y fomentar una sensación de calma. Beber té de manzanilla antes de acostarse puede ayudar a conciliar el sueño.

Una hierba llamada melisa es bien conocida por sus efectos calmantes y estimulantes. El té de melisa puede aliviar la tensión, estimular el sueño y mejorar el bienestar general. Las personas que sufren síntomas de estrés pueden encontrarlo muy útil.

La pasiflora se utiliza desde hace mucho tiempo como remedio natural contra el nerviosismo y la ansiedad. El té de pasiflora ayuda a calmar la ansiedad, aliviar la tensión muscular y favorecer la relajación. Es una hierba suave que puede tomarse antes de acostarse o durante el día.

Es fundamental preparar y utilizar correctamente los tés de hierbas para aprovechar al máximo su potencial para aliviar la tensión y la ansiedad. Piense en lo siguiente:

Para garantizar una potencia y unas ventajas medicinales óptimas, elija hierbas y componentes de primera calidad. Cuando sea posible, elija hierbas ecológicas para reducir su exposición a productos químicos y pesticidas.

Para una extracción óptima de las hierbas, siga las técnicas de preparación recomendadas. Deje reposar los tés de hierbas durante el tiempo recomendado para que los ingredientes beneficiosos se impregnen en el agua. Para obtener un té suave y delicioso, cuélelo bien.

La preparación y el consumo de té de hierbas deben abordarse con atención. Participe activamente en el proceso de preparación y degustación de cada taza, involucrando todos sus sentidos. Dedique algún tiempo a relajarse, disfrutar de las fragancias y reconocer lo relajante que es el té.

Incorporar técnicas de autocuidado puede ayudar a aliviar la tensión y la ansiedad, además de los tés de hierbas. Piense en lo siguiente:

Utilice prácticas de atención plena o meditación para cultivar la conciencia del momento presente y reducir sus niveles de estrés. Para establecer una estrategia global de gestión del estrés, incorpore estas técnicas a los tés de hierbas.

Haga ejercicio con frecuencia para reducir el estrés, aumentar la felicidad y mejorar el bienestar general. Para adoptar un enfoque exhaustivo de la reducción del estrés y la ansiedad, combine el consumo de té de hierbas con ejercicios como yoga, caminar o estiramientos moderados.

Explore salidas creativas para gestionar las emociones y aliviar el estrés, como escribir en un diario, pintar o tocar un instrumento. Mientras hace estas cosas, beba un sorbo de té de hierbas para promover la relajación y la autoexpresión.

Es necesario hablar con un profesional sanitario si los síntomas de estrés y ansiedad persisten o afectan significativamente a la vida cotidiana. Ellos pueden ofrecer una evaluación completa, identificar cualquier problema subyacente y aconsejar la mejor forma de actuar.

Los tés de hierbas son una forma suave y natural de reducir la tensión y la ansiedad, a la vez que proporcionan consuelo y fomentan la relajación. Estos tés pueden ayudar a calmar la mente, aliviar el cuerpo y restablecer el equilibrio emocional al incluir compuestos calmantes y que mejoran el estado de ánimo. Incorpore los tés de hierbas a su rutina diaria, combínelos con actividades de autocuidado y, si es necesario, consulte a un especialista. Aproveche el poder de los tés de hierbas como tratamiento calmante y natural contra el estrés y la ansiedad, y que cada taza le deje una sensación de serenidad y satisfacción.

Capítulo VI

Exploración de
Tés de Hierbas Exóticas

Introducción a los tés de hierbas menos conocidos

Cuando se trata de tés de hierbas, existe una amplia gama de opciones entre las que elegir. Existe un vasto mundo de infusiones menos conocidas que están esperando a ser descubiertas, a pesar de que los tés más conocidos, como la manzanilla, la menta y el té verde, suelen ser el centro de atención. Estos tesoros por descubrir tienen sabores únicos, aromas tentadores y posibles beneficios para la salud que merecen ser explorados. En esta sección, exploraremos el mundo de los tés de hierbas que no son tan conocidos, destacando sus historias, exponiendo sus cualidades y revelando sus posibles beneficios medicinales. Queremos llevarle en un viaje de exploración y aprecio por el amplio y menos explorado mundo de los tés de hierbas, donde aprenderá de todo, desde las infusiones tradicionales hasta las infusiones únicas.

Los pétalos de la flor de hibisco se remojan en agua caliente para producir una infusión que se conoce como té de hibisco. Tiene un sabor ácido y refrescante, y un agradable perfume que recuerda a las flores. El té elaborado con flores de hibisco es famoso por sus posibles ventajas para el sistema cardiovascular, su capacidad para promover niveles saludables de presión arterial y sus características antioxidantes.

Sudáfrica es la cuna del té rooibos, que a menudo se conoce como té de arbusto rojo. Tiene un color marrón rojizo intenso, una textura sedosa y un sabor ligeramente dulce, ya que se obtiene de las hojas de la planta Aspalathus linearis. El té rooibos no contiene cafeína e incluye antioxidantes, que pueden contribuir a la salud del sistema inmunitario y a la relajación.

Las hojas secas y remojadas de la planta de ortiga se utilizan para preparar té de ortiga. Se sabe que la ortiga irrita la piel cuando se manipula, pero también tiene una serie de posibles efectos positivos para la salud. Es bien sabido que el té de ortiga tiene un alto contenido en minerales, entre ellos hierro y calcio, y que es capaz de favorecer la salud de las articulaciones, promover la desintoxicación y aliviar los síntomas de la alergia. El té de ortiga se elabora con las hojas y los tallos de la planta.

El té elaborado con las raíces de la planta de diente de león, también conocida como raíz de diente de león, se denomina té de raíz de diente de león. Tiene un sabor profundo y terroso, y se utiliza con frecuencia como tónico para limpiar el organismo. Se cree que beber té de raíz de diente de león mejora la salud del hígado, facilita la digestión y actúa como diurético natural. Dado que puede tener efectos beneficiosos para la salud, es una excelente adición al mundo de los tés de hierbas.

Los pétalos de la planta Clitoria ternatea se utilizan para crear la bebida del sudeste asiático conocida como té de la flor del guisante mariposa. Tiene un ligero sabor floral y se prepara en una infusión de color azul intenso o púrpura. El té de flores de guisante mariposa es conocido por su uso como colorante alimentario natural, sus posibles propiedades antioxidantes y sus ventajas cognitivas.

Las hojas de la hierba luisa, planta autóctona de Sudamérica, se utilizan para preparar té de hierba luisa. Tiene un penetrante aroma cítrico y un sabor ácido y alimonado. El té de hierba luisa es una bebida popular para la relajación y el bienestar, ya que se le atribuyen propiedades calmantes y digestivas.

Las hojas de la planta Ilex paraguariensis se utilizan para preparar el tradicional té sudamericano conocido como yerba mate. Tiene un sabor terroso característico y contiene cafeína natural, que proporciona un ligero subidón de energía. La yerba mate es conocida por sus posibles efectos estimulantes, sus cualidades antioxidantes y su uso en reuniones sociales y rituales culturales.

El tulsi, comúnmente conocido como albahaca santa, es una hierba con una larga historia en la medicina ayurvédica y la cultura india. Con su característica fusión de aromas dulces y picantes, el té tulsi proporciona una experiencia revitalizante y refrescante. El té de tulsi es muy apreciado por sus posibles efectos adaptógenos, sus cualidades para aliviar el estrés y su contribución al bienestar general.

En las regiones andinas de Sudamérica, el mate de coca es una bebida popular. Se ha utilizado durante generaciones y se obtiene de las hojas de la planta de coca. Las sociedades indígenas lo valoran por su capacidad para aumentar la energía y reducir el apetito.

Basadas en los conceptos ayurvédicos de equilibrar mente, cuerpo y espíritu, las mezclas de hierbas ayurvédicas incluyen diversas hierbas y especias. Estas combinaciones suelen contener componentes como la ashwagandha, el jengibre, la cúrcuma y la canela, que aportan una gran variedad de posibles ventajas para la salud, además de un sabor delicioso.

El chai de hierbas es una maravillosa variante del clásico té especiado que utiliza una base de hierbas en lugar de té negro. Suele elaborarse con una mezcla de especias calientes y energizantes como el jengibre, el cardamomo, el clavo y la canela, y puede consumirse a cualquier hora del día.

Para aprovechar todo su sabor y sus posibles ventajas para la salud, cada té de hierbas necesita una técnica de infusión diferente. Para cada té de hierbas, experimente con diferentes proporciones, duraciones de remojo y temperaturas del agua para encontrar la combinación ideal.

Involucre sus sentidos mientras disfruta de la experiencia sensorial de beber tés de hierbas. Disfrute de sus inconfundibles sabores y de sus vibrantes matices y aromas. Para mejorar su experiencia, piense en combinar los tés de hierbas con comidas complementarias o incorporarlos a recetas originales.

El mundo de los tés de hierbas menos conocidos ofrece un amplio campo de investigación y experimentación. Explore la interesante variedad de sabores, aromas y posibles ventajas para la salud que ofrecen estos tés. Al explorar el fascinante y diverso mundo de los tés de hierbas, abrace la exploración del descubrimiento y que cada sorbo le revele una nueva dimensión de felicidad y bienestar.

Recetas con ingredientes únicos y exóticos

Con su gran variedad de sabores y cualidades aromáticas, los tés de hierbas han hipnotizado nuestros sentidos del gusto. Existe un universo de ingredientes únicos y exóticos que esperan ser descubiertos, a pesar de que a menudo asociamos el té de hierbas con componentes convencionales como la manzanilla o la menta. En esta sección nos embarcaremos en una aventura culinaria, revelando una selección de recetas que ponen de relieve la adaptabilidad y los sabores excepcionales de estos ingredientes naturales del té menos conocidos. Le invitamos a saborear la magia de estas exquisitas infusiones y a elevar sus aventuras gastronómicas con tentadoras bebidas y apetitosas creaciones culinarias.

Diversas composiciones se benefician enormemente de los vibrantes matices azules del té de flor de guisante mariposa. Este ingrediente da un toque de elegancia e intriga a todos los platos, desde tés helados y cócteles hasta exquisitas creaciones culinarias.

Tanto las recetas dulces como las saladas se benefician de la delicada y romántica esencia que aportan los fragantes pétalos de rosa. Puede añadir una pizca de refinamiento floral a su repertorio culinario incorporando pétalos de rosa a dulces, bebidas e incluso ensaladas.

El fuerte sabor cítrico de la hierba luisa combina bien tanto con bebidas frías como calientes, dando a los platos tradicionales un toque picante. Simples siropes, salsas e incluso sorbetes pueden convertirse en delicias culinarias gracias a sus matices energizantes.

Las infusiones de flor de saúco añaden un toque de refinamiento a las bebidas, la repostería y los productos horneados con su sutil aroma floral. Es un ingrediente maravilloso con el que experimentar en distintas recetas por su suave dulzor y su inusual perfil de sabor.

Esta deliciosa bebida, Blue Lagoon Refresher, es una agradable mezcla de té de flores de guisante mariposa, cítricos frescos y agua con gas que le transportará a las orillas de una isla tropical.

Eleve su limonada tradicional a un nuevo nivel infusionándola con fragantes pétalos de rosa para preparar una limonada con infusión de rosas. Esta versión floral de una bebida muy popular tiene un sabor distintivo y revitalizante que le encantará.

Combinando sirope de flor de saúco, agua con gas y un toque de limón, se puede preparar un maravilloso spritzer sin alcohol. Esta receta da como resultado un cóctel espumoso de flor de saúco. Añada unas hojas de menta fresca como guarnición y disfrute de sus sofisticados sabores y su burbujeante regusto.

El arroz con flor de guisante mariposa transforma el arroz normal en una guarnición visualmente impresionante que realzará cualquier comida al infundirle los vibrantes tonos azules del té con flor de guisante mariposa. Se puede conseguir una experiencia culinaria espectacular sirviendo este plato con pescado a la parrilla o verduras asadas.

La infusión de hierba luisa en aceite de oliva permite capturar la fragante esencia de la hierba y crear un plato llamado aceite infusionado de hierba luisa. Este aceite con infusión de cítricos se puede utilizar como toque final en carnes asadas, verduras a la parrilla o rociar sobre ensaladas para dar una explosión de sabor cítrico al plato que prepare.

Infusionando nata con flor de saúco para elaborar un postre tradicional italiano llamado Panna Cotta es como se prepara el postre Panna Cotta de flor de saúco. Cuando las delicadas notas florales se combinan a la perfección con la textura sedosa de la panna cotta, se crea un postre refinado que no sólo es bonito a la vista, sino también delicioso al paladar.

El delicado sabor de los pétalos de rosa se infunde en las cáscaras de estos macarons franceses, dando como resultado una delicia visualmente impresionante e indulgentemente perfumada. Para hacer macarons de pétalos de rosa, infusione las cáscaras con el sabor de los pétalos de rosa. Para convertirlos en un postre realmente cautivador, rellénelos con una ganache con sabor a rosas.

En esta receta de tarta de queso con miel de lavanda, la suavidad aterciopelada de una tarta de queso tradicional recibe un impulso floral con la adición de lavanda. Este exquisito postre es ideal para terminar cualquier comida. Rocíelo con un poco de miel para un dulzor extra.

Podemos descubrir un mundo de sabores y experiencias culinarias excepcionales combinando en nuestros platos componentes únicos y exóticos del té de hierbas. Estas deliciosas infusiones nos dan la oportunidad de ampliar nuestro paladar, encontrar nuevas combinaciones de sabores y apreciar la variedad y belleza de ingredientes que no son tan reconocidos.

Al adentrarnos en el extraordinario mundo de los componentes únicos y exóticos de los tés de hierbas, abrimos la puerta a todo un nuevo mundo de oportunidades culinarias. Estos ingredientes menos conocidos tienen sabores y aromas que ofrecen una experiencia sensorial como ninguna otra, y pueden utilizarse para crear bebidas cautivadoras, así como platos culinarios cautivadores. Mientras saborea los deliciosos sabores de estos platos únicos inspirados en el té de hierbas, sumérjase en el encanto de estas exquisitas infusiones, juegue con diferentes recetas y dé rienda suelta a su creatividad culinaria. Que cada bocado y cada bebida le lleven a un mundo de delicias culinarias y le dejen con ganas de más.

Tradiciones y prácticas culturales relacionadas con los tés de hierbas exóticas

Además de sus seductores sabores y ventajas para la salud, los tés de hierbas se valoran desde hace mucho tiempo por su profundo significado cultural. Diversas sociedades de todo el mundo han creado rituales, ceremonias y costumbres especiales en torno a estos tés de hierbas exóticas, incorporándolos así a sus tradiciones culturales. En esta sección nos adentraremos en una exploración cultural de las costumbres y prácticas únicas relacionadas con los tés de hierbas poco comunes. Nos adentraremos en las profundidades de estas joyas culturales, desvelando las historias, creencias e importancia que se esconden tras estas preciadas bebidas, desde las antiguas ceremonias hasta los hábitos contemporáneos.

Los tés de hierbas han sido importantes a lo largo de la historia en muchas culturas diferentes, representando la interacción social, la conexión espiritual y la purificación. Estas infusiones están estrechamente entretejidas en las ceremonias y rituales de varias naciones, lo que permite comprender mejor sus creencias y costumbres.

Los tés de hierbas desempeñan un papel importante en los rituales y ceremonias de muchas culturas que conmemoran ocasiones significativas. El elaborado y contemplativo ritual japonés del té es un ejemplo de ello. La ceremonia, de raíces budistas zen, representa la paz, la deferencia y la armonía. Esta práctica ceremonial, que promueve la atención, la elegancia y la apreciación de la belleza de la naturaleza, se centra en el matcha, un té verde en polvo.

Un significado cultural similar rodea la preparación y el servicio del té a la menta marroquí en ese país. El té, que se elabora remojando hojas de té verde con hojas de menta fresca, se sirve en tazas diminutas y se vierte desde una altura para darle una textura espumosa. Esta compleja ceremonia, que suele ir acompañada de vibrantes charlas y comidas compartidas, es sinónimo de hospitalidad e interacción social.

Los tés de hierbas exóticas, cada uno con sabores y costumbres distintivos que reflejan sus diferentes lugares, están entretejidos en el tejido cultural de comunidades de todo el mundo.

El té matcha en Japón y el té de ginseng en Corea son excelentes ejemplos de la relevancia cultural de los tés de hierbas en Asia Oriental. El matcha es un elemento básico del ritual japonés del té y se distingue por su vivo tono verde y su forma en polvo. El matcha requiere una atención minuciosa tanto en su preparación como en su consumo, lo que fomenta la conexión con la naturaleza y con uno mismo. Por otro lado, los beneficios potenciales del té de ginseng para la salud son muy valorados en la cultura coreana, ya que promueven la longevidad, mejoran la función cognitiva y aumentan la vitalidad.

Las prácticas culturales relacionadas con el té de hierbas en el sur de Asia tienen sus raíces en la salud holística y la espiritualidad. En la cultura india, el masala chai, un aromático té negro con sabrosas especias, es muy apreciado. En las reuniones sociales, los amigos y la familia suelen compartirlo como señal de bienvenida. En las prácticas ayurvédicas, los tés de hierbas con componentes como la ashwagandha y la albahaca santa (tulsi) se valoran por sus beneficios terapéuticos y su capacidad para fomentar el equilibrio y el bienestar.

Los tés de hierbas pueden contener complejos rituales y costumbres en su preparación y consumo, lo que profundiza su significado cultural.

La preparación del té se eleva a la categoría de arte a través de los rituales del té, como los que se practican en China y Japón. Estos rituales hacen especial hincapié en la conciencia, la presencia y la apreciación de la sencillez. La preparación y el servicio del té se convierten en prácticas meditativas que animan a la gente a conectar entre sí, con otras personas y con la naturaleza.

Además, la apreciación del té es un aspecto fundamental de las culturas del té de todo el mundo. La ceremonia del té Gongfu, por ejemplo, en China, muestra la delicada belleza de la preparación del té. Cada etapa se lleva a cabo cuidadosamente para resaltar los atributos distintivos del té, desde el sutil aroma hasta la presentación visual. Los participantes pueden sentir un gran respeto por la historia cultural asociada al té a través de esta actividad, que requiere un estudio profundo de las cualidades y los orígenes del té.

Las prácticas tradicionales del té se han modernizado a medida que nuestro mundo está más conectado, combinando influencias culturales y fomentando el aprecio más allá de las fronteras culturales.

Las mezclas de fusión, que combinan ingredientes convencionales con sabores inusuales y componentes étnicos, son cada vez más populares. Estas fusiones honran la variedad y la inventiva, al tiempo que ilustran cómo las tradiciones del té evolucionan constantemente en nuestra sociedad globalizada. Las mezclas que atraen a un público mundial respetando el legado distintivo de cada ingrediente, como el té verde con infusión de jazmín o las mezclas de lavanda y manzanilla, trascienden las fronteras culturales.

Además, los festivales y encuentros de té constituyen animados foros para apreciar y compartir culturas. Estos acontecimientos reúnen a amantes del té de todas las procedencias, permitiéndoles descubrir y honrar las diversas tradiciones culturales relacionadas con los tés de hierbas. Ya se trate de la Exposición Mundial del Té en Estados Unidos, del Festival Mundial O-Cha en Japón o del Dilmah Real High Tea Challenge en Sri Lanka, estas ocasiones ofrecen la oportunidad de sumergirse en la diversidad cultural del té y entablar relaciones con amantes del té de todo el mundo.

Los tés de hierbas exóticas tienen una rica historia cultural y ofrecen una ventana a las diversas costumbres, rituales y prácticas de culturas de todo el mundo. Estos tés profundizan nuestra comprensión del tapiz cultural del mundo, desde antiguos rituales arraigados en la espiritualidad hasta variaciones contemporáneas que celebran la fusión transcultural. Celebremos las tradiciones, la historia y los valores de las culturas que han apreciado estos tés durante siglos mientras saboreamos cada taza. Podemos establecer relaciones, superar las barreras culturales y apreciar mejor la diversidad que enriquece nuestra comunidad mundial del té mediante la degustación de tés de hierbas exóticas.

Capítulo VII

Cómo Crear Sus Propias Mezclas de Té de Hierbas

Conocer los perfiles de sabor y las hierbas complementarias

El té de hierbas es un mundo fascinante de sabores, aromas y ventajas para la salud. Cada una de las hierbas con las que se elabora el té tiene un perfil de sabor distinto que aumenta el placer de beber té en su conjunto. Es una forma de arte que permite a los entusiastas del té crear mezclas bellas y armoniosas comprendiendo estos perfiles de sabor y entendiendo cómo complementar las hierbas. En esta sección, emprenderemos un viaje por el variado mundo de los sabores del té de hierbas, aprendiendo sobre las cualidades de varias hierbas y cómo pueden mezclarse de forma experta para producir infusiones excepcionales y bien equilibradas.

Comprender las características del sabor es crucial en el mundo de los tés de hierbas. Mejora la experiencia sensorial y permite a los aficionados al té elaborar mezclas equilibradas y armoniosas, ya que les permite comprender los matices y la complejidad de las distintas hierbas. Los entusiastas del té pueden mezclar con pericia distintas hierbas para preparar bebidas tentadoras y sabrosas comprendiendo los sabores, aromas y texturas prominentes de cada hierba específica.

En los perfiles de sabor de los tés de hierbas influye fundamentalmente el gusto. Las hierbas pueden impartir una variedad de sabores, como dulce, amargo, ácido y astringente. Las hierbas amargas, como la raíz de diente de león y la raíz de genciana, aportan profundidad y complejidad a los tés, mientras que las hierbas dulces, como la raíz de regaliz y la estevia, endulzan las bebidas de forma natural. Mientras que hierbas astringentes como los pétalos de rosa y las hojas de zarzamora producen una sensación de sequedad en la boca, plantas ácidas como el hibisco y la hierbaluisa ofrecen una agradable acidez.

Otro componente crucial de los perfiles de sabor de los tés de hierbas es su aroma. Mientras que las hierbas cítricas, como la hierba limón y la melisa, aportan a los tés aromas picantes y vibrantes, las hierbas florales, como la manzanilla y la lavanda, imparten suaves matices florales. Las hierbas terrosas, como el rooibos y la ortiga, desprenden olores cálidos y enraizantes, mientras que las plantas mentoladas, como la menta piperita y la hierbabuena, ofrecen sensaciones refrescantes.

Las sensaciones táctiles que se experimentan al consumir té se denominan sensación en boca. Como resultado, el perfil de sabor se vuelve más complejo. Mientras que las hierbas refrescantes como la menta verde y la hoja de eucalipto ofrecen una experiencia refrescante, las hierbas suaves como la raíz de malvavisco y la paja de avena producen una textura sedosa y aterciopelada. Mientras que hierbas cosquilleantes como la corteza de fresno espinoso y el clavo producen una sensación de hormigueo en la lengua, hierbas cálidas como el jengibre y la canela aportan una sensación agradable y acogedora en la boca.

Los aficionados al té pueden combinar hierbas de forma experta para crear mezclas armoniosas y complementarias mediante la comprensión de los perfiles de sabor. Los aficionados al té pueden crear tés que proporcionen una experiencia sensorial armónica y completa mezclando hierbas con distintos sabores, olores y sensaciones en boca.

Se pueden combinar hierbas de distintos sabores para obtener una combinación equilibrada. Por ejemplo, mezclar hierbas amargas como la raíz de diente de león con hierbas dulces como la raíz de regaliz da a la mezcla profundidad y complejidad. Se produce un perfil de sabor con un amargor y un dulzor bien equilibrados. Del mismo modo, si se mezclan hierbas aromáticas como la hierba luisa con hierbas florales como la manzanilla, se obtiene una mezcla aromática y energizante con una maravillosa interacción de sabores.

Los tés de hierbas pueden beneficiarse de la adición de mezclas de hierbas complementarias a su sabor. Si se combinan plantas terrosas, como la ortiga, con hierbas mentoladas, como la menta piperita, se obtiene una mezcla animada con un aroma refrescante y matices calmantes. La combinación de hierbas aromáticas con profundidad y calidez, como la canela y el jengibre, mejora la experiencia del té en su conjunto, al tentar los sentidos.

La textura de los tés de hierbas es esencial para una experiencia sensorial completa, además del sabor y el aroma. Se pueden combinar hierbas con distintas cualidades gustativas para obtener tés con una agradable experiencia táctil. Se puede preparar una taza de té calmante y revitalizante combinando hierbas con una sensación suave en la boca, como la raíz de malvavisco, con hierbas refrescantes, como la menta verde. También se puede añadir complejidad y un sabor distintivo al té mezclando hierbas que calientan, como el jengibre, con hierbas que hormiguean, como el clavo.

La oportunidad de experimentar con distintos perfiles de sabor es uno de los aspectos más divertidos de aprender sobre las infusiones. Los gustos y preferencias individuales varían, por lo que los aficionados al té pueden encontrar sus propios perfiles de sabor favoritos y hacer mezclas que se adapten a sus gustos particulares experimentando con distintas combinaciones.

Las mezclas pueden modificarse en función de los perfiles de sabor para satisfacer necesidades concretas y conseguir los efectos deseados. Combinando hierbas con perfiles de sabor complementarios, se puede, por ejemplo, crear una mezcla tranquila con hierbas conocidas por sus efectos calmantes o una mezcla energizante con hierbas que dan un impulso de energía.

La práctica y la exploración son necesarias para apreciar los perfiles de sabor. Las sesiones de cata de té y la exploración deliberada de las hierbas ayudan a cultivar un paladar sofisticado y una comprensión más profunda de los matices de los perfiles de sabor.

La educación sobre el té, como tomar clases de profesionales del té o participar en talleres, ofrece una visión útil de los matices de la mezcla y el arte de producir combinaciones de sabores que funcionen bien juntos.

Para crear excelentes mezclas de infusiones, es fundamental comprender los perfiles de sabor de las distintas hierbas y cómo interactúan entre sí. Los entusiastas del té pueden emprender un viaje de descubrimiento sensorial experimentando con el sabor, el aroma y la sensación en boca de las distintas hierbas, dando lugar a suaves maridajes que tientan al paladar. Abracemos el arte de la mezcla y experimentemos los placeres del té de hierbas sorbo a sorbo mientras exploramos el mundo de los perfiles de sabor y las hierbas complementarias.

Consejos para experimentar con diferentes hierbas y proporciones

El té de hierbas es un mundo lleno de sabores, aromas y ventajas para la salud. Ofrece un lienzo en blanco para que los aficionados al té den rienda suelta a su creatividad y emprendan una aventura exploratoria. Los entusiastas del té pueden hacer mezclas distintivas que se adapten a sus gustos y preferencias experimentando con diversas hierbas y proporciones. En esta sección exploraremos el arte de experimentar con té de hierbas, ofreciendo consejos perspicaces para que los entusiastas del té puedan desarrollar sus propias y deliciosas mezclas.

Cuando experimente con el té de hierbas, mantenga la mente abierta y el sentido de la curiosidad. Explorar el variado mundo de las hierbas y especias le permitirá abrazar su sentido de la aventura. Déjese llevar por su instinto y deje que sus papilas gustativas decidan qué es lo que más le conviene.

Para empezar, pruebe a experimentar con hierbas con las que ya esté familiarizado. Para ampliar su selección de sabores, empiece con una base de hierbas que le gusten y vaya añadiendo otras poco a poco. Así se sentirá más a gusto y podrá ampliar sus preferencias actuales.

Dedique algún tiempo a familiarizarse con los perfiles de sabor de las distintas hierbas antes de empezar a mezclarlas. Cada hierba tiene su propio sabor, aroma y textura. Mientras que algunas plantas pueden ser robustas y terrosas, otras pueden ser fragantes y delicadas. Puede crear mezclas más eficaces si conoce estos perfiles.

Además del sabor, piense en los usos medicinales de las plantas. Mientras que algunas hierbas son conocidas por sus cualidades energéticas o inmunológicas, otras destacan por sus beneficios relajantes. Comprender las ventajas únicas de cada hierba puede ayudarte a hacer combinaciones que produzcan los resultados que deseas.

Pruebe varias proporciones para determinar el equilibrio ideal de sabor e intensidad de las mezclas. Para adquirir el sabor deseado, empiece con pequeñas cantidades de las hierbas y cambie progresivamente las proporciones. Esto le permitirá controlar con precisión la intensidad de cada sabor y producir una mezcla agradable.

Seleccionar una hierba dominante para crear el perfil de sabor principal de la mezcla es una buena idea. A continuación, elija hierbas de apoyo que acentúen y mejoren las cualidades de la hierba dominante. Para obtener un perfil de sabor equilibrado y completo, ajuste las proporciones adecuadamente.

Lleve un diario de tés para anotar sus mezclas. Anote las hierbas utilizadas, sus proporciones y sus impresiones sobre el sabor, el aroma y la experiencia en general. Con la ayuda de este diario, que será un recurso muy útil, podrá mejorar sus mezclas y repetir las que hayan tenido éxito en el futuro.

Pida opiniones a amigos, familiares u otros aficionados al té después de compartir sus mezclas con ellos. Sus puntos de vista pueden aportar nuevas perspectivas sobre sus obras de arte. Tenga en cuenta sus sugerencias y sígalas como referencia para seguir mejorando sus métodos de mezcla.

Pruebe a apilar sabores para producir mezclas ricas y multidimensionales. Para crear capas de sabor y aroma, empiece con una hierba base y añada otras gradualmente. Sus mezclas pueden ganar complejidad y profundidad con esta técnica, lo que aumentará su atractivo y disfrute.

Combinando hierbas con cualidades complementarias, puede estudiar la idea de las sinergias herbales. Por ejemplo, combinar hierbas energizantes como la hierba luisa con hierbas relajantes como la manzanilla puede dar como resultado una mezcla equilibrada que fomente la relajación sin provocar somnolencia. Las mezclas interesantes y completas pueden ser el resultado de entender cómo interactúan las hierbas entre sí.

Aunque los consejos y las estrategias son útiles, al final, sigue tu instinto y presta atención a tus papilas gustativas. Experimentar con infusiones es un arte y, en ocasiones, los maridajes más extraños producen resultados agradables. A la hora de crear mezclas que se ajusten a sus preferencias y le hagan feliz, déjese guiar por sus sentidos.

Sé creativo e inventivo cuando experimentes con tés de hierbas. No tenga miedo de utilizar el pensamiento creativo y combinaciones de hierbas inusuales. Disfrute de la experiencia de probar distintos sabores y aromas, y dé rienda suelta a su creatividad creando combinaciones intrigantes.

La experiencia de experimentar con té de hierbas es una invitación a dar rienda suelta a su creatividad y deleitarse con un viaje sensorial. Puede crear mezclas realmente únicas si se deja llevar por la curiosidad, comprende las cualidades de las hierbas, determina las proporciones adecuadas, registra sus pruebas y adopta métodos creativos. Permita que sus papilas gustativas le sirvan de guía y que su intuición le guíe en la dirección de la armonía ideal de sabores, olores y ventajas terapéuticas. Disfrutará de los resultados de su investigación con cada sorbo, saboreando la creatividad y la diversión de combinar tés de hierbas.

Recetas de té de hierbas personalizadas

En el mundo de los tés de hierbas hay una plétora de sabores, aromas y ventajas para la salud. Aunque las mezclas de té de hierbas ya preparadas son prácticas, hacer mezclas personalizadas que se adapten a los gustos y preferencias específicos de cada persona es realmente extraordinario. Profundizaremos en los conceptos, métodos y posibilidades imaginativas que permiten a los entusiastas del té elaborar sus propias infusiones distintivas a medida que examinamos el arte de crear mezclas de té de hierbas individualizadas en esta sección.

Comprender los fundamentos de la mezcla es crucial antes de iniciar la aventura de crear mezclas de té de hierbas personalizadas. También implica equilibrar los perfiles de sabor y familiarizarse con los perfiles de las hierbas.

Es importante comprender las propiedades de las distintas hierbas antes de empezar a elaborar mezclas personalizadas. Cada hierba tiene su propio sabor, aroma y cualidades medicinales. Los aficionados al té pueden elegir sabiamente al mezclar hierbas si conocen estos perfiles.

Las mezclas de té exitosas incorporan un cuidadoso equilibrio de sabores. La interacción de hierbas dulces, florales, terrosas y aromáticas puede tenerse en cuenta para crear mezclas armoniosas que deleiten el paladar.

Los gustos personales y los objetivos de salud se tienen en cuenta a la hora de crear mezclas de infusiones personalizadas. Estos elementos influyen en la elección de las hierbas y en los efectos previstos de la mezcla.

Hay que tener en cuenta las preferencias personales en cuanto a sabor, aroma y experiencia general para producir una mezcla que realmente atraiga al paladar. Comprender los gustos personales sienta las bases para crear composiciones de té personalizadas, ya se prefieran sabores fuertes o delicados, mezclas relajantes o energizantes.

Las hierbas tienen una amplia gama de ventajas para la salud, entre las que se incluyen cualidades que ayudan a la digestión, a aliviar el estrés y a relajarse. Los entusiastas del té que tienen objetivos de salud particulares pueden elegir hierbas que apoyen esos objetivos para crear mezclas que nutran el cuerpo y la mente.

La exploración, la experimentación y el perfeccionamiento son pasos necesarios en la creación de mezclas de té de hierbas personalizadas. Se pueden elaborar mezclas de té armoniosas y deliciosas utilizando diversos métodos.

Experimente con hierbas individuales para iniciar su viaje de mezclas personalizadas. Este método permite una comprensión más profunda del perfil de sabor distintivo de cada hierba y cómo resuena en el paladar.

Trabaje hasta llegar a mezclar hierbas complementarias. Los entusiastas del té pueden diseñar mezclas que resalten y realcen las cualidades de cada una experimentando con las interacciones entre hierbas y teniendo en cuenta sus distintos sabores y efectos medicinales.

El secreto para crear excelentes mezclas de té es encontrar el equilibrio ideal de sabores. Es importante experimentar con distintas proporciones, empezando con pequeñas cantidades de cada hierba y modificándolas hasta obtener el sabor adecuado. Una mezcla equilibrada y satisfactoria se consigue modificando las cantidades en función de las papilas gustativas y la intuición.

Elaborar mezclas de té de hierbas personalizadas ofrece la oportunidad de dar rienda suelta a la creatividad y dar a cada taza un toque único. El proceso de elaboración de recetas puede beneficiarse de una serie de ideas orientadoras.

Los aficionados al té pueden dar rienda suelta a su creatividad creando mezclas personalizadas. Combinar hierbas acordes con las preferencias y los objetivos de salud de cada persona, o incluso experimentar con mezclas poco comunes, puede dar como resultado productos intrigantes y distintivos.

Llevar un diario de té para anotar los experimentos de mezcla es muy beneficioso. Los entusiastas del té pueden mejorar las recetas y duplicar las mezclas exitosas llevando un registro de las hierbas utilizadas, sus proporciones, las instrucciones de preparación y sus propias percepciones de sabor y aroma.

He aquí algunas sugerencias de recetas que abarcan diversos temas y que pueden servir de punto de partida para creaciones de té personalizadas:

Combinando hierbas como la manzanilla, la lavanda y la melisa se puede preparar una mezcla calmante que favorezca la relajación y alivie el estrés.

Las ricas propiedades antioxidantes y de refuerzo inmunitario de hierbas como la equinácea, el saúco y el jengibre pueden combinarse para preparar un té sabroso y saludable.

Considere la posibilidad de mezclar hierbas calmantes y digestivas como la menta, el hinojo y el jengibre para favorecer una buena digestión y aliviar las molestias.

Pruebe a experimentar con hierbas energizantes como el té verde, el ginseng y la menta para obtener una mezcla que revitalice y mejore la concentración mental.

La personalización y el perfeccionamiento son procesos continuos a la hora de crear mezclas de té de hierbas personalizadas. Cambiando las cantidades de hierbas y experimentando con nuevos ingredientes, los aficionados al té pueden modificar las recetas actuales según sus preferencias.

Los aficionados al té pueden experimentar para crear mezclas que se adapten perfectamente a sus paladares cambiando las proporciones de las hierbas en las recetas existentes.

Además de las hierbas, piense en incluir componentes complementarios como cáscaras de cítricos, especias o frutos secos para dar a las mezclas de té más variedad y profundidad.

Elaborar mezclas de té de hierbas personalizadas es una forma de arte que permite a los entusiastas del té emprender un viaje sensorial. Cada persona puede hacer mezclas de té distintivas y deliciosas que se adapten a sus intereses conociendo los perfiles de las hierbas, teniendo en cuenta sus propias preferencias y objetivos de salud, utilizando procedimientos de mezcla y expresando su creatividad. Los entusiastas del té pueden descubrir la satisfacción y la alegría de crear sus propias infusiones distintivas a través de la experimentación, la documentación y la incorporación de la personalización, apreciando cada sorbo de sus mezclas de té de hierbas personalizadas.

Capítulo VIII

Té de Hierbas
y Delicias Culinarias

Utilización del té de hierbas como ingrediente en la cocina y la repostería

Además de ser una bebida maravillosa, el té de hierbas es un componente versátil que puede realzar los sabores y añadir carácter a una gran variedad de preparaciones culinarias. En esta sección exploraremos el fascinante tema del uso del té de hierbas como ingrediente en la cocina y la repostería. Veremos las distintas formas en que se puede utilizar en la cocina, las ventajas que ofrece y algunos platos deliciosos que se pueden preparar con infusiones de hierbas.

Aunque los tés de hierbas suelen consumirse como bebida, su uso en la cocina abre todo un nuevo mundo de oportunidades. Los tés de hierbas pueden utilizarse para infusionar alimentos con sus sabores, aromas y beneficios para la salud, dándoles un toque distintivo y delicioso.

Los diferentes perfiles de sabor de los tés de hierbas, que van de delicados y florales a fuertes y terrosos, son bien conocidos. Tanto los platos dulces como los salados pueden beneficiarse del uso de estos sabores, ya que aportan variedad, profundidad y un toque de elegancia herbal.

Las propiedades aromáticas de los tés de hierbas pueden transformar por completo las creaciones culinarias. Los tentadores aromas de hierbas como la manzanilla, la menta y la lavanda pueden añadir un elemento fragante y seductor a los platos, mejorando la experiencia sensorial en su conjunto.

El té de hierbas puede utilizarse en la cocina para añadir sabores distintivos a los alimentos y producir obras de arte culinarias que hacen la boca agua. A continuación, veremos muchas formas de utilizar el té de hierbas en la cocina.

La infusión de líquidos es una de las formas más sencillas y eficaces de incorporar el té de hierbas. Se pueden utilizar infusiones, aceites, vinagres o caldos como base para sopas, guisos y salsas. Esta técnica infunde a los alimentos la esencia de las hierbas, mejorando su sabor y carácter.

Con té de hierbas se pueden preparar sabrosos adobos para carnes y verduras. Las cualidades inherentes de los ingredientes a base de hierbas pueden ablandar las proteínas, impartirles aromas sutiles y añadir humedad a la comida, creando preparaciones deliciosas y fragantes.

Los cereales como el arroz, la quinoa o el cuscús pueden aromatizarse con sutiles sabores utilizando infusiones de hierbas. Del mismo modo, añadir té de hierbas al cocinar legumbres hace que platos como las sopas de lentejas y el curry de garbanzos sean más complejos.

El té de hierbas puede utilizarse en repostería de diversas formas para elaborar dulces únicos e inolvidables. Los sabores del té de hierbas se pueden infusionar de forma experta en una amplia gama de productos horneados.

El té de hierbas puede añadirse a líquidos como leche, nata o mantequilla para utilizarlo como ingrediente en recetas de repostería. De este modo, los sabores de las hierbas se mezclan delicadamente con los demás ingredientes y se obtienen productos horneados con sabor a hierbas.

Los tés de hierbas también pueden utilizarse como líquido aromatizado en masas, pastas o siropes, remojándolos directamente en agua caliente. Con este método, los productos horneados se impregnan inmediatamente de la esencia de las hierbas, lo que les confiere sabores y fragancias distintivos.

Cuando se utilizan como especia, los tés de hierbas molidos pueden potenciar el sabor de diversos productos horneados. Se pueden añadir té de hierbas finamente molido a rellenos de tartas, mezclas de tartas y masa de galletas para obtener combinaciones de sabores que hacen la boca agua.

El té de hierbas puede utilizarse en repostería y cocina no sólo para mejorar el sabor. Ofrece un sinfín de ventajas que mejoran tanto el sabor como el bienestar.

Los antioxidantes, las vitaminas y los minerales suelen abundar en los tés de hierbas, lo que puede aumentar el valor nutricional total de los platos. Una persona puede mejorar el valor nutritivo de sus creaciones culinarias utilizando té de hierbas como ingrediente.

Muchos tés de hierbas son famosos por sus cualidades calmantes y digestivas. Estas cualidades tienen el potencial de mejorar la digestión y tener efectos calmantes en el cuerpo cuando se emplean en la cocina.

He aquí algunas recetas deliciosas que pueden prepararse con té de hierbas como ingrediente para seducir a los amantes de la cocina:

Las barritas de limón con una infusión de lavanda se pueden preparar mezclando té de lavanda culinaria en el relleno de limón de las barritas de limón normales para darles un nuevo sabor distintivo y tentador.

El salmón glaseado con miel e infusión de manzanilla, un plato delicado y sabroso que mezcla el dulzor natural de la miel con las sutiles notas florales de la manzanilla, se prepara infusionando té de manzanilla en un glaseado de miel y untándolo en salmón al horno.

Trufas de chocolate con infusión de Earl Grey, el característico sabor a bergamota del té Earl Grey puede combinarse con el chocolate para dar a estas delicias un toque sofisticado y aromático.

El uso del té de hierbas como ingrediente abre un mundo de sabores, aromas y ventajas para la salud inusuales en el vasto mundo de las posibilidades culinarias. Las personas pueden crear maravillas culinarias que hagan cosquillas a las papilas gustativas y añadan un toque de elegancia a sus creaciones utilizando la variedad de tés de hierbas para cocinar y hornear. El té de hierbas se puede utilizar en la cocina de diversas maneras, como infusión de líquidos, marinado y como especia. De este modo, los entusiastas de la cocina tienen la oportunidad de experimentar y ampliar sus conocimientos, al tiempo que elaboran deliciosas recetas que realzan la belleza inherente a los tés de hierbas.

Recetas para incorporar té de hierbas a postres y bebidas

Además de ser una bebida calmante, el té de hierbas es un componente delicioso que puede elevar las bebidas y postres cotidianos a notables obras maestras culinarias. En esta sección, emprenderemos un viaje culinario para aprender a incorporar el té de hierbas en bebidas y postres. Nos adentraremos en una colección de apetitosas recetas que ponen de relieve la versatilidad y la magia de utilizar té de hierbas en creaciones dulces mientras investigamos los sabores, aromas y ventajas para la salud que las infusiones de hierbas aportan a la mesa.

Los tés de hierbas se presentan en una variedad de sabores tentadores que pueden dar a las bebidas y los postres un toque distintivo y aromático. Sus variados aromas, que van de ligeros y florales a fuertes y terrosos, ofrecen una amplia variedad de formas ingeniosas de incorporar el té de hierbas a las creaciones dulces.

Aportando profundidad, complejidad y un toque de elegancia botánica, los sabores de té de hierbas como la manzanilla, la lavanda y el hibisco pueden realzar los perfiles de sabor de postres y bebidas.

Las propiedades aromáticas de los tés de hierbas son esenciales para producir sabrosas experiencias culinarias. Hierbas como la menta, la rosa o la hierba limón pueden cautivar los sentidos y mejorar toda la experiencia sensorial cuando se añaden a postres y bebidas.

El té de hierbas puede utilizarse para infundir sabores delicados y fragancias distintivas en la repostería, dando como resultado postres maravillosos y tentadores. Veamos algunos métodos diferentes para incluir el té de hierbas en los platos de postre.

La infusión de líquidos es una de las formas más sencillas y eficaces de incluir infusiones en los postres. Los tés de hierbas liberan su esencia cuando se empapan en líquidos como leche, nata o siropes, dando a las natillas, pudines y helados sus sabores distintivos.

Los tés de hierbas se pueden infusionar en todo el postre añadiéndolos a masas y mezclas. Este método proporciona una unión armónica de sabores en cada bocado, ya sea utilizando té de hierbas para aromatizar la masa de la tarta, la masa de galletas o la mezcla para tortitas.

Los postres pueden cubrirse con siropes y compotas de té de hierbas para realzar su sabor y aportar un toque de dulzor. Los siropes con infusión de hierbas pueden añadirse a los glaseados, pincelarse sobre pasteles o impregnarlos para realzar su sabor y aspecto.

Los tés de hierbas ofrecen una magnífica oportunidad para preparar bebidas energéticas y vibrantes que encantan al paladar. Se pueden añadir hierbas a las bebidas para crear deliciosas combinaciones de sabores y nuevas y fascinantes combinaciones de bebidas.

Durante los meses más cálidos, las mezclas de té de hierbas helado son una forma estupenda de aprovechar las propiedades refrescantes de las hierbas. La gente puede disfrutar de bebidas deliciosamente sabrosas, hidratantes y refrescantes preparando tés de hierbas, dejándolos enfriar y sirviéndolos con hielo.

Los tés de hierbas pueden ser la base de atractivos cócteles que dan un toque único a las bebidas tradicionales sin alcohol. Pueden prepararse mocktails sofisticados y energéticos que agraden al paladar mezclando infusiones de té de hierbas con zumos de frutas, agua con gas y guarniciones.

Los tés de hierbas pueden añadirse a los batidos para dar a estas bebidas saludables un toque delicioso. Las infusiones de té de hierbas se pueden utilizar para preparar batidos hidratantes y nutritivos mezclándolos con frutas, yogur y hielo.

He aquí algunos apetitosos ejemplos de platos que utilizan té de hierbas en bebidas y postres para motivar a los amantes de la cocina:

Las tradicionales barritas de limón pueden convertirse en barritas de limón con infusión de lavanda. Esto aporta un sutil sabor floral que equilibra la acidez de los limones, creando un postre delicioso y elegante.

Se puede añadir una explosión revitalizante de sabor a menta a la base de helado para hacer helado de chocolate con menta, convirtiendo el tradicional helado de chocolate en un postre delicioso y revitalizante.

La limonada de té helado de hibisco es una limonada de té helado viva y ácida, estéticamente agradable y agradablemente refrescante.

Se elabora mezclando té de hierbas de hibisco con zumo de limón recién exprimido y una pequeña cantidad de miel.

El té de hierbas puede incorporarse a bebidas y postres para darles un toque mágico y complejo. Los sabores y olores de las hierbas enriquecen la experiencia gustativa y dan lugar a delicias y bebidas extremadamente distintivas y agradables. La gente puede transformar postres ordinarios en notables obras maestras culinarias infusionando líquidos, añadiendo hierbas a las masas y elaborando siropes con infusiones de hierbas. Del mismo modo, la creación de bebidas a base de tés de hierbas ofrece una alternativa revitalizante y refrescante a las bebidas tradicionales. Incorporando hierbas a las bebidas se puede descubrir una gran variedad de sabores y crear experiencias duraderas y revitalizantes. Las personas pueden embarcarse en un fascinante viaje culinario que abarque la belleza natural y la magia de los tés de hierbas adoptando la diversidad del té de hierbas en postres y bebidas.

Usos creativos del té de hierbas en aplicaciones culinarias

La innovación y la experimentación son elementos esenciales en el campo de las artes culinarias a la hora de producir alimentos deliciosos. El uso de té de hierbas como ingrediente versátil es una de esas formas de expresar la inventiva en la cocina. El té de hierbas tiene el enorme potencial de convertir platos normales en espectaculares creaciones culinarias, además de su función convencional como bebida calmante. En esta sección nos embarcaremos en una sabrosa aventura mientras exploramos los usos creativos del té de hierbas en diversos contextos culinarios.

Exploraremos el encanto y la versatilidad del té de hierbas como herramienta secreta de un alquimista culinario, desde platos salados hasta postres dulces.

Los tés de hierbas tienen una amplia variedad de sabores y aromas entre los que elegir, y cada uno de ellos posee cualidades especiales que pueden hacer que la comida sepa aún mejor. Los chefs y los cocineros caseros pueden acceder a una amplia gama de experiencias gustativas utilizando té de hierbas en sus creaciones culinarias.

Los tés elaborados con hierbas, como la manzanilla y la lavanda, aportan sutiles matices florales que pueden realzar el sabor de los alimentos y darles un aspecto más refinado.

La salvia, el tomillo y otras hierbas aportan profundidad y riqueza a alimentos salados como sopas, guisos y salsas, introduciendo sabores terrosos y fuertes en las recetas.

Los tés de hierbas pueden utilizarse de forma creativa en una gran variedad de recetas saladas, aportando sabores y fragancias distintos que seducen al paladar. Veamos algunos métodos creativos para utilizar té de hierbas en platos salados.

Las carnes, el marisco y las verduras pueden ganar complejidad y profundidad incorporando infusiones en adobos y aliños. Por ejemplo, el pollo o el tofu a la parrilla pueden quedar sabrosos y suaves si se preparan con un adobo de té negro y especias como jengibre, ajo y salsa de soja.

Para preparar sabrosas bases de aliños, adobos y salsas, se pueden utilizar tés de hierbas para infusionar aceites y vinagres. Por ejemplo, una simple ensalada Caprese sabe mejor si el aceite de oliva se ha infusionado con tés de hierbas como la albahaca o la menta.

Los tés de hierbas dan a los caldos y los caldos un toque aromático que mejora el sabor de las sopas, los risottos y las salsas. Los tés de hierbas como el tomillo y el laurel pueden combinarse para hacer un caldo sabroso que dé profundidad a una sopa de verduras.

El té de hierbas se puede utilizar de formas inventivas además de en comidas saladas. También se puede utilizar para dar a las creaciones culinarias dulces nuevos sabores y fragancias. Veamos algunos métodos creativos para incluir el té de hierbas en los postres.

Los siropes y salsas aromatizados con té de hierbas pueden rociarse sobre los postres o utilizarse como base de glaseados y coberturas. Por ejemplo, se puede utilizar un sirope con té de hierbas aromatizado con canela para mejorar exquisitamente el sabor de las tortitas o los gofres.

Los tés de hierbas Earl Grey o chai se pueden infusionar en nata montada o glaseado para hacer deliciosas coberturas que combinan excelentemente con tartas, magdalenas y pasteles.

Los tés de hierbas pueden utilizarse para aromatizar salsas para postres como el caramelo o el chocolate, dando a los dulces tradicionales un toque único. Una tarta de manzana con salsa de caramelo de manzanilla por encima es una deliciosa combinación de sabores.

La versatilidad del té de hierbas va más allá del mundo culinario. Además, puede emplearse de forma creativa para mejorar una gran variedad de bebidas, aportando perfiles de sabor distintivos e intrigantes.

Los tés de hierbas pueden servir de base para cócteles creativos y seductores. El té de hierbas se infunde en bebidas alcohólicas como el vodka o la ginebra para producir mezclas deliciosas y revitalizantes. Por ejemplo, se crea una bebida viva y sabrosa cuando se combinan vodka infusionado con hibisco, zumo de fruta fresca y agua con gas.

El té de hierbas puede utilizarse para crear sabrosos y revitalizantes mocktails para las personas que buscan sustitutos sin alcohol. Mezclando infusiones de té de hierbas con zumos de frutas, agua con gas y guarniciones ingeniosas, se pueden preparar diversos mocktails estéticamente agradables y placenteramente gratificantes.

Las bebidas tradicionales pueden sustituirse por tés de hierbas saludables y energizantes preparando aguas infusionadas o infusiones frías. Se puede preparar una bebida fresca e hidratante remojando tés de hierbas como la menta o la hierbaluisa en agua fría durante la noche.

El té de hierbas se puede utilizar en la cocina de muchas maneras creativas, lo que abre un mundo de sabores y oportunidades. El té de hierbas es un ingrediente especial y versátil que puede transformar recetas corrientes en obras maestras culinarias, ya sean platos salados, dulces, bebidas o condimentos. Los chefs y los cocineros caseros pueden embarcarse en una aventura culinaria descubriendo las delicadas notas florales, los sabores fuertes y las propiedades aromáticas de los tés de hierbas, infundiendo a sus platos una pizca de magia y creatividad. Deje que su lado alquimista culinario salga a relucir y permita que el té de hierbas lleve su comida a nuevos niveles de sabor y deleite.

Capítulo IX

Té de Hierbas para la
Belleza y el Autocuidado

Tés de hierbas para la salud de la piel y el cutis

Muchas personas utilizan costosos productos y tratamientos para el cuidado de la piel en un esfuerzo por conseguir una piel brillante y sana. Los tés de hierbas, en cambio, pueden ser una forma más natural y rentable de conseguir una piel luminosa. Los tés de hierbas son famosos desde hace mucho tiempo por su capacidad para mejorar la salud en general, y sus ventajas también se aplican al cuidado de la piel. En esta sección exploraremos el mundo de los tés de hierbas y su potente efecto sobre la salud de la piel y el cutis. Los tés de hierbas ofrecen una estrategia completa para conseguir un cutis radiante y joven reduciendo la inflamación y aportando los nutrientes necesarios.

Es fundamental comprender la ciencia que subyace a los efectos terapéuticos de los tés de hierbas antes de investigar cualquier tipo particular para la salud de la piel. Los antioxidantes, vitaminas, minerales y otros compuestos bioactivos presentes en los tés de hierbas son abundantes y esenciales para conservar una piel sana.

Las altas cantidades de antioxidantes presentes en los tés de hierbas ayudan en la lucha contra los radicales libres, moléculas inestables que aceleran el envejecimiento y el deterioro de la piel. Los antioxidantes defienden la piel del estrés oxidativo y favorecen un aspecto joven al eliminar los radicales libres.

El acné, el eccema y la psoriasis son sólo algunas de las muchas enfermedades de la piel cuya causa subyacente común es la inflamación. Las características antiinflamatorias de algunos tés de hierbas pueden calmar la piel sensible, reducir el enrojecimiento y favorecer un cutis más calmado.

Mantener la piel sana requiere una hidratación adecuada. Los tés de hierbas, especialmente los que tienen cualidades hidratantes, pueden ayudar a rehidratar la piel, aumentar su flexibilidad y minimizar la sequedad y la descamación.

Examinemos ahora algunos tés de hierbas específicos reconocidos por su capacidad para nutrir la piel y favorecer un cutis hermoso.

Cuando se trata de la salud de la piel, el té verde es imbatible. Es un potente antioxidante por su alto contenido en polifenoles, en particular el galato de epigalocatequina (EGCG). El té verde puede aumentar la flexibilidad de la piel, protegerla de los daños de los rayos UV y reducir la inflamación, dándole un aspecto más joven.

El té de arbusto rojo, a veces llamado té rooibos, tiene un alto contenido en minerales y antioxidantes. Tiene propiedades antiinflamatorias y puede aliviar problemas cutáneos como el acné y el eczema. Los alfahidroxiácidos, que estimulan la renovación celular y dan como resultado una piel más suave y luminosa, también se encuentran en el té Rooibos.

Debido a sus conocidas cualidades calmantes y suavizantes, el té de manzanilla es ventajoso para la piel sensible e inflamada. Con sus propiedades antiinflamatorias, puede disminuir la irritación de la piel provocada por el ambiente, calmar los brotes de acné y minimizar el enrojecimiento.

El té de caléndula, elaborado a partir de flores de caléndula, es famoso por sus poderes reconstituyentes y curativos. Puede aliviar las irritaciones cutáneas, reducir la inflamación y acelerar la cicatrización de las heridas. Para tratar la piel seca y con picores, la infusión de caléndula suele aplicarse tópicamente como limpiador suave o añadirse al agua del baño.

Las infusiones de hierbas tienen numerosos beneficios para la salud de la piel, y su incorporación a la rutina de cuidado de la piel puede aumentar esos efectos. A continuación, se exponen algunos métodos creativos para incluir los tés de hierbas en la rutina habitual de cuidado de la piel:

Abrir los poros, limpiar el rostro y permitir que los ingredientes herbales se infiltren completamente en la piel son todos beneficios de la vaporización facial con tés herbales. Para construir una tienda de vapor, basta con poner a hervir una tetera de té de hierbas fuerte, colocar la cara sobre el vapor y cubrirse la cabeza con una toalla.

El té de hierbas puede utilizarse como tónico facial para equilibrar el pH de la piel, cerrar los poros y añadir antioxidantes. Después de lavar la piel, prepare el té de hierbas, déjelo enfriar y aplíquelo en un disco de algodón.

Hacer mascarillas faciales DIY con tés de hierbas puede ofrecer ventajas específicas para una serie de problemas de la piel. Para hacer una mascarilla nutritiva adaptada específicamente a su tipo de piel, combine infusiones recién hechas con productos orgánicos como miel, yogur o arcilla.

Aunque los tés de hierbas pueden mejorar significativamente la salud de la piel, es importante tener en cuenta que el cuidado de la piel es una práctica holística. Las ventajas de los tés de hierbas para la piel pueden potenciarse aún más incorporando prácticas de estilo de vida saludables.

Además de los tés de hierbas, las vitaminas y minerales vitales necesarios para la salud de la piel pueden obtenerse comiendo una variedad de frutas, verduras, cereales completos y carnes magras.

Para conservar la flexibilidad de la piel y un cutis sano, es esencial una hidratación adecuada. Además de beber té de hierbas, asegúrese de beber suficiente agua a lo largo del día para hidratar la piel desde dentro hacia fuera.

Aunque los tés de hierbas ofrezcan cierta protección contra los rayos UV, sigue siendo importante utilizar crema solar y tomar otras medidas para proteger la piel de los rayos nocivos del sol.

La promoción de la salud de la piel y la consecución de un cutis luminoso pueden lograrse de forma natural y holística con los tés de hierbas. Los tés de hierbas tienen la capacidad de cambiar su régimen de cuidado de la piel debido a sus cualidades antioxidantes, efectos antiinflamatorios y propiedades calmantes de la piel. Los tés de hierbas pueden nutrir su piel desde el interior y ayudarle a conseguir un brillo saludable y radiante, tanto si se consumen como bebida calmante como si se utilizan de forma tópica. Acepte la magia de los tés de hierbas y descubra el camino natural hacia una piel hermosa.

Tés de hierbas para el cuidado del cabello y el cuero cabelludo

Muchas personas recurren a diversos productos capilares comerciales para conseguir un cabello grueso y sano. Los tés de hierbas, una alternativa más natural y rentable, podrían ser la clave de un cabello sano y brillante. Los tés de hierbas se valoran desde hace mucho tiempo por su capacidad curativa y, además de ser buenos para el cuerpo, también son beneficiosos para el cabello y el cuero cabelludo. En esta sección examinaremos el mundo de los tés de hierbas y sus potentes efectos sobre la salud del cuero cabelludo y el cabello. Los tés de hierbas ofrecen un enfoque holístico para conseguir y mantener un cabello espléndido y resistente, desde estimular el crecimiento del cabello hasta calmar el cuero cabelludo.

Comprender la ciencia que subyace a los efectos terapéuticos de los tés de hierbas para el cuidado del cabello y el cuero cabelludo es crucial antes de experimentar con cualquier tipo en particular. Los tés de hierbas están repletos de nutrientes que nutren los folículos pilosos, favorecen la salud del cuero cabelludo y fomentan el desarrollo del cabello. Estos nutrientes incluyen vitaminas, minerales, antioxidantes y otros compuestos bioactivos.

Los elementos vitales que se encuentran en los tés de hierbas favorecen el crecimiento sano del cabello y preservan el bienestar general del tallo piloso. Un cabello más fuerte y vivo es el resultado de nutrientes como las vitaminas A, C y E, así como de minerales como el zinc y el hierro.

La salud del cuero cabelludo es crucial para el estado del cabello. Se puede conseguir un entorno ideal para el desarrollo del cabello utilizando tés de hierbas que tengan características antibacterianas y antiinflamatorias para aliviar problemas típicos del cuero cabelludo como la caspa, el picor y la inflamación.

La capacidad de algunos tés de hierbas para aumentar el flujo sanguíneo al cuero cabelludo potencia el suministro de nutrientes a los folículos pilosos y favorece el crecimiento del cabello. Además, la mejora de la circulación ayuda a eliminar toxinas y estimula el crecimiento de hebras más gruesas y sanas en los folículos pilosos.

Veamos algunos tés de hierbas específicos que son bien conocidos por su capacidad para nutrir el cabello y tratar problemas comunes del cuero cabelludo.

El té de menta calma y revitaliza el cuero cabelludo. Ayuda a mejorar el flujo sanguíneo, lo que puede favorecer el crecimiento del cabello. Debido a sus cualidades antibacterianas, el té de menta es muy conocido para tratar problemas del cuero cabelludo como la caspa y el picor.

El hierro y el sílice, dos nutrientes necesarios para un cabello sano, abundan en el té de ortiga, que también es rico en vitaminas y minerales. Aumenta el brillo y el grosor, fortalece los folículos pilosos y reduce la caída del cabello. Además de ser agradable para el cuero cabelludo, el té de ortiga reduce la sequedad y la inflamación.

El té de romero tiene fama de favorecer la salud del cuero cabelludo y el crecimiento del cabello. Favorece el aporte de nutrientes a los folículos pilosos al aumentar el flujo sanguíneo al cuero cabelludo. Además, el té de romero contiene propiedades antimicrobianas que pueden ayudar a tratar problemas del cuero cabelludo como la caspa.

El té de manzanilla es suave y calmante, lo que es bueno para el cuero cabelludo sensible. Favorece la salud del cuero cabelludo, reduce el picor y calma la inflamación. En cabellos rubios o claros, el té de manzanilla puede ayudar a resaltar los reflejos presentes de forma natural.

Los tés de hierbas pueden mejorar su cabello además de cuando los bebe, al incorporarlos a su rutina de cuidado capilar. A continuación le presentamos algunos métodos ingeniosos para incluir los tés de hierbas en su rutina habitual de cuidado del cabello:

El té de hierbas puede mejorar el brillo del cabello y favorecer un cuero cabelludo sano cuando se utiliza como enjuague capilar. Cuando acabe de lavarse el pelo con champú y acondicionador, prepare una tetera de infusión fuerte, déjela enfriar y utilícela como aclarado final.

Combine los efectos terapéuticos del masaje del cuero cabelludo con las ventajas de los tés de hierbas. Prepare el té de hierbas que prefiera, déjelo enfriar y utilícelo como base para un aceite de masaje para el cuero cabelludo. Para estimular el riego sanguíneo y la nutrición, masajee suavemente el cuero cabelludo con el aceite.

Prepare té de hierbas y combínelo con productos orgánicos como miel, aceite de coco o gel de aloe vera para hacer mascarillas revitalizantes para el cabello. Aplique la mezcla sobre el cabello y el cuero cabelludo, déjela reposar el tiempo necesario y enjuague abundantemente para conseguir una hidratación y nutrición intensas.

Los tés de hierbas pueden mejorar considerablemente el estado del cabello y el cuero cabelludo, pero también es necesario combinar su uso con un estilo de vida saludable. Adoptar estos comportamientos puede aumentar aún más las ventajas de los tés de hierbas para el cabello:

Una dieta llena de nutrientes es necesaria para el desarrollo de un cabello fuerte. Consuma, además de tés de hierbas, una serie de alimentos que ofrezcan las vitaminas, minerales y proteínas necesarias para un cabello fuerte y lleno de vida.

Evite el uso de productos agresivos para el cuidado del cabello que puedan dañar el cuero cabelludo y el tallo piloso. Para preservar la salud e integridad de sus mechones, emplee técnicas moderadas de cepillado y peinado, evite el calor extremo y aplique pocos tratamientos químicos.

La caída del cabello y las enfermedades del cuero cabelludo pueden verse agravadas por el estrés. Para favorecer la salud general del cabello y el cuero cabelludo, incorpore estrategias de reducción del estrés a su rutina diaria, como ejercicio, meditación o ejercicios de mindfulness.

Los tés de hierbas son una forma holística y natural de mantener la salud del cabello y el cuero cabelludo. Los tés de hierbas pueden cambiar por completo su forma de cuidar el cabello debido a sus cualidades nutritivas, sus efectos calmantes y su potencial para estimular el crecimiento capilar. Los tés de hierbas rejuvenecen el cabello tanto si los toma como bebida calmante como si los aplica tópicamente. Acepte el poder de los tés de hierbas y descubra los métodos naturales para conseguir un cabello sano y robusto.

Recetas de belleza a base de infusiones de té de hierbas

Muchas personas utilizan productos comerciales para el cuidado de la piel y la belleza como parte de sus rituales de belleza. Sin embargo, la naturaleza nos ha dado una gran cantidad de compuestos naturales que pueden mejorar nuestro aspecto. Los tés de hierbas son uno de esos ingredientes. Los tés de hierbas no sólo son una bebida deliciosa, sino que también tienen muchos beneficios para la piel, el cabello y el bienestar general. En esta sección examinaremos el mundo de las recetas de belleza a base de infusiones de té de hierbas y aprenderemos a aprovechar el poder de las hierbas para conseguir una piel radiante, un pelo brillante y un brillo saludable.

Las recetas de belleza a base de tés de hierbas combinan los beneficios de los tés de hierbas con componentes orgánicos adicionales para crear fórmulas de belleza potentes y eficaces. Los tés de hierbas son complementos beneficiosos para nuestros regímenes de belleza debido a la alta concentración de antioxidantes, vitaminas y minerales que contienen. Estas recetas pueden ayudar a nutrir, curar y rejuvenecer nuestro cuerpo desde el interior, ya se utilicen para el cuidado de la piel, el cabello o como parte de un régimen holístico de autocuidado.

Los antioxidantes de los tés de hierbas ayudan en la lucha contra los radicales libres y protegen la piel de los daños causados por los elementos, como la contaminación y los rayos ultravioleta. Podemos proteger nuestra piel del envejecimiento prematuro y mantener un cutis joven y bello incluyendo recetas de belleza a base de infusiones de té en nuestras rutinas diarias.

Muchos tés de hierbas son ricos en nutrientes, vitaminas y minerales esenciales que ayudan a nutrir la piel y el cabello. Estas recetas proporcionan una hidratación profunda, ayudan a recuperar la humedad y fomentan un cutis radiante. Los tés de hierbas también son adecuados para personas con piel sensible o reactiva, ya que sus ingredientes botánicos pueden calmarla y suavizarla.

Algunos tés de hierbas tienen efectos antiinflamatorios, lo que los hace útiles para tratar trastornos cutáneos como la rosácea, el eccema y el acné. Estos tés pueden ayudar a reducir el enrojecimiento, la hinchazón y la irritación cuando se utilizan en recetas de belleza, lo que ayuda a promover un cutis más claro y saludable.

Hierva su infusión preferida, como la manzanilla o el té verde, y déjela enfriar para preparar un tónico facial rápido pero eficaz. Después de limpiarse la cara, transfiera el té a una botella con pulverizador y rocíelo sobre el rostro para conseguir un efecto revitalizante y tonificante a la vez que equilibra el pH de la piel.

Para mascarillas faciales nutritivas y limpiadoras, mezcle té de hierbas preparado con materiales orgánicos como miel, yogur o arcilla. Para una mascarilla desintoxicante, combine té verde con arcilla de bentonita; para una mascarilla calmante y exfoliante, combine té de lavanda con avena. Para un cutis radiante y rejuvenecido, aplíquese la mascarilla en el rostro, déjela reposar el tiempo indicado y después enjuáguela.

Utiliza un tratamiento facial de vapor para disfrutar de las propiedades curativas de los tés de hierbas. Para preparar un vapor aromático, ponga agua a hervir y añada unas cucharadas de té de hierbas de su elección, como pétalos de rosa o capullos de lavanda. Deje que el vapor abra los poros, lave la piel y ayude a relajarse colocando la cara sobre el vapor y cubriéndose la cabeza con una toalla.

Después de lavarse el cabello con champú y acondicionador, infusione un té de hierbas aromáticas, como romero u ortiga, déjelo enfriar y utilícelo como aclarado final. La infusión de hierbas hidratará el cuero cabelludo, favorecerá el desarrollo de un cabello fuerte y le dará más vitalidad y brillo.

El zumo de hamamelis o aloe vera puede combinarse con la infusión de hierbas para elaborar un spray revitalizante e hidratante para el cabello. Cuando necesite un estímulo rápido a lo largo del día, transfiera la mezcla a un pulverizador y rocíelo sobre el cabello. Su cabello recibirá la hidratación de la infusión de hierbas, que también mejorará su textura y lo dejará con un delicioso aroma.

Para hacer un aceite nutritivo para el pelo, combine aceites portadores como el de coco o jojoba con hierbas como el hibisco o la manzanilla. Combine las hierbas y el aceite en un tarro de cristal, déjelo reposar unas semanas para que los aceites extraigan las propiedades de las hierbas y luego cuélelo. Para una hidratación profunda, más brillo y mejor salud capilar, aplíquese el aceite en el cuero cabelludo y el pelo, masajee suavemente y déjelo actuar toda la noche.

Crear y utilizar recetas de belleza con infusiones de hierbas puede ser calmante y relajante. Pase un rato al aire libre, contemple la belleza de las sustancias botánicas y realice prácticas de autocuidado que mejoren el bienestar general.

Para encontrar las recetas ideales para su tipo de piel y cabello, experimente con diversos tipos de infusiones y mezclas. Aproveche la versatilidad de los tés de hierbas y adapte su régimen de belleza a sus necesidades particulares.

Es importante tener en cuenta que la belleza abarca tanto el bienestar interior como el exterior. Las recetas de belleza a base de té de hierbas mejoran toda tu salud y bienestar, a la vez que realzan su aspecto exterior. Adopte un enfoque holístico de la belleza y benefíciese de los tesoros botánicos de la naturaleza.

La piel, el cabello y el aspecto general pueden nutrirse y mejorarse con recetas de belleza a base de infusiones de té de hierbas. Estas recetas proporcionan un enfoque suave y holístico del cuidado personal utilizando el poder de las hierbas, los antioxidantes y los ingredientes naturales. Las recetas de belleza con infusión de té de hierbas nos permiten conectar con la naturaleza y descubrir las claves de una belleza radiante y saludable, ya sea a través de un tónico facial calmante, un spray refrescante para el cabello o una mascarilla facial rejuvenecedora. Acepte los beneficios de los productos de belleza mezclados con té de hierbas y permita que los ingredientes naturales transformen su rutina de cuidado de la piel.

Conclusión

Recapitulación de los puntos clave tratados en el libro electrónico

A lo largo de este libro electrónico hemos viajado por el delicioso mundo de los tés de hierbas. Hemos examinado sus múltiples facetas, desde su larga historia y su importancia cultural hasta la gran variedad de sabores, ventajas para la salud y recetas. Repasemos las principales ideas que se han tratado al final de este libro electrónico para asegurarnos de que comprendemos la esencia y la importancia del té de hierbas en nuestra vida.

Conociendo el té de hierbas:

Empezamos definiendo el té de hierbas y distinguiéndolo del verdadero té. Se denomina té de hierbas a una infusión producida a partir de las hojas, flores, semillas o raíces de diversas plantas. los tés de hierbas ofrecen una alternativa variada y sin cafeína al té tradicional, derivado de la planta Camellia sinensis. Esto nos permite experimentar una amplia gama de sabores y ventajas para la salud.

Examinando las Ventajas para la Salud:

La amplia gama de ventajas para la salud del té de hierbas es uno de sus principales atractivos. Exploramos las distintas categorías de tés de hierbas y sus cualidades distintivas. Los tés de hierbas han demostrado su eficacia como remedios naturales para diversas enfermedades, desde calmar y relajar hasta reforzar la inmunidad, ayudar a la digestión, promover la energía y la concentración, y aliviar los dolores de cabeza y las migrañas. También conocimos su contribución al fomento del sueño, la reducción del estrés y la promoción del bienestar. Gracias a la gran variedad de tés de hierbas, existe una combinación que se adapta a las necesidades de cada persona.

Cómo Preparar y Consumir Té de Hierbas:

Examinamos el equipo esencial para preparar el infusionado, la temperatura ideal del agua, los tiempos de remojo y los métodos para crear la taza ideal con el fin de experimentar adecuadamente los sabores y las ventajas del té de hierbas. Subrayamos la importancia de utilizar hierbas de primera calidad y aconsejamos dónde encontrarlas. Siguiendo estas reglas, podemos asegurarnos de que cada taza de té de hierbas sea una experiencia placentera y nutritiva.

Dar Rienda Suelta a la Creatividad y la Personalización:

El té de hierbas puede personalizarse y utilizarse como un lienzo en blanco. Uno de los temas de debate fue la comprensión de los perfiles de sabor, las plantas complementarias y las mezclas de hierbas. Podemos hacer mezclas personalizadas que se adapten a nuestros intereses experimentando con distintas hierbas y proporciones. Como parte de nuestro estudio del arte de mezclar té de hierbas, se destacó el potencial de combinar el té de hierbas para cocinar, hornear e incluso crear recetas de belleza. Podemos utilizar el té de hierbas en todo su potencial en numerosas áreas de nuestras vidas debido a las posibilidades ilimitadas.

Aceptar el Significado Cultural:

El té de hierbas tiene un impacto cultural significativo que se extiende más allá de sus sabores y ventajas para la salud. Analizamos la larga historia y el significado cultural del té de hierbas, aprendiendo sobre su papel en las ceremonias tradicionales, las tradiciones indígenas y las civilizaciones antiguas. El té de hierbas nos conecta con un tapiz de tradiciones, rituales e historias que se han transmitido a lo largo de las décadas, desde el té de menta marroquí hasta las ceremonias del té asiáticas.

El Manual Definitivo para los Entusiastas del Té de Hierbas:

Es fundamental destacar el objetivo de este libro electrónico a modo de conclusión. Para los entusiastas del té de hierbas, "Recetas de Té de Hierbas: El Manual Definitivo para Mezclar y Preparar Té de Hierbas" es un recurso exhaustivo. Nos proporciona la información, las ideas y las recetas que necesitamos para iniciar una aventura agradable y saludable con los tés de hierbas. Este manual nos prepara para explorar el amplio mundo de las infusiones e incorporarlas a nuestra vida cotidiana, desde las mezclas calmantes que tranquilizan nuestro cerebro hasta las infusiones energizantes que elevan nuestro espíritu.

Puerta de entrada a un mundo de sabores, ventajas para la salud y tradiciones culturales, el té de hierbas es algo más que una bebida. A lo largo de este libro electrónico hemos estudiado la historia, las características, los métodos de preparación y las aplicaciones culinarias de los tés de hierbas. Hemos visto cómo afecta a nuestra salud mental y emocional y cómo puede ayudarnos a establecer vínculos con el mundo natural y nuestro patrimonio cultural.

Las ideas fundamentales que se exponen en este libro electrónico nos recuerdan el potencial ilimitado que posee el té de hierbas. El té de hierbas se ha distinguido como un preciado compañero en nuestras vidas por su amplia gama de ventajas para la salud, así como por su versatilidad en recetas y rituales. Al adoptar el té de hierbas, también adoptamos una forma de vida que honra las maravillas del mundo natural, la habilidad del autocuidado y la diversión de la aventura.

A medida que inicie su viaje con el té de hierbas, deje que este libro electrónico sea su compañero constante. Espero que le motive a explorar nuevos sabores, probar nuevas combinaciones y apreciar las muchas ventajas que ofrece el té de hierbas. Salud por una vida llena de salud, exploración y el maravilloso mundo de los tés de hierbas.

Estímulo para explorar y experimentar con tés de hierbas

Los tés elaborados con hierbas han cautivado a la gente durante generaciones, ya que están llenos de sabores, aromas y ventajas para la salud. Ahora que nos acercamos al final, es fundamental destacar el valor de conocer y experimentar con los tés de hierbas. Podemos acceder a un mundo de aprendizaje, autoexpresión y bienestar individualizado abrazando la curiosidad y explorando territorios inexplorados.

Desatar la Curiosidad:

La exploración surge de la curiosidad. Sirve de catalizador para nuestro impulso de viajar más allá de lo conocido y explorar reinos desconocidos. Los tés de hierbas ofrecen muchas posibilidades de descubrimiento. Cada taza está llena de una experiencia sensorial diferente y de una historia, desde hierbas conocidas hasta mezclas poco comunes. Explorar los sabores es un viaje que debería emprender, así que abrace su curiosidad.

Alimentar una Mente Abierta:

Es fundamental acercarse al mundo de los tés de hierbas con una mente abierta si se quiere abarcarlo por completo. Prepárese para ir más allá de su zona de confort y refutar ideas preconcebidas. Puede que siempre haya tenido un tipo de té favorito, pero si se adentra en el mundo de los tés de hierbas, puede que encuentre un nuevo favorito que se adapte tanto a sus papilas gustativas como a su bienestar general. Déjese sorprender y fascinar por la plétora de sabores y ventajas que ofrecen los tés de hierbas.

Abrazar el Bienestar Personalizado:

Los tés elaborados con hierbas ofrecen la posibilidad de un bienestar individualizado. Pueden adaptarse para satisfacer necesidades y preferencias particulares gracias a su amplia gama de características y ventajas para la salud. Hay un té de hierbas ahí fuera esperando a ser descubierto que se ajuste exactamente a sus objetivos, tanto si busca efectos calmantes, ayuda para la digestión, propiedades de refuerzo inmunológico o un estímulo para su mente. Puede crear una colección única de tés que nutran su espíritu, mente y cuerpo experimentando con diversas hierbas y mezclas.

Enfatizar el Placer de la Experimentación:

La versatilidad de los tés de hierbas es lo que los hace tan hermosos. Puede experimentar con ellas para crear nuevos sabores, lo que le convierte en un artista del sabor. Combine hierbas, frutas, especias y flores para crear sabrosos brebajes que excitarán su paladar y despertarán sus sentidos. No tenga miedo de alejarse de los métodos de cocina habituales y siga su instinto. Lo divertido de experimentar es descubrir nuevas combinaciones de sabores y encontrar el equilibrio ideal para su paladar.

Aprovechar el Poder de los Maridajes:

Hay innumerables combinaciones de ingredientes que combinan bien con los tés de hierbas. Se pueden mezclar con especias aromáticas, miel, frutas frescas o incluso para hacer obras maestras culinarias. Descubra el arte de incorporar té de hierbas a sus bebidas y pasteles favoritos. Los tés de hierbas pueden combinarse armoniosamente con otros ingredientes para proporcionar una variedad de experiencias que aumentan el placer de deleitarse con estos productos.

Crear una Comunidad del Té:

La exploración y experimentación con té de hierbas también puede ser una actividad social y de grupo. Hable con sus seres queridos o con otros entusiastas del té sobre sus descubrimientos e invenciones. Organice catas de té en las que los invitados traigan sus propias mezclas para compartirlas y debatirlas. Mantenga conversaciones sobre sabores, ventajas para la salud y encuentros personales. Puede crear una comunidad en torno al té que se apoye mutuamente y promueva más investigación y educación.

Cultivar Mindfulness:

El consumo de té de hierbas ofrece la oportunidad de practicar la atención plena. Dedique algún tiempo a disfrutar de cada sorbo, permitiéndose estar plenamente presente y disfrutar de los sabores y olores. Observe cómo el té afecta a sus sentidos y cómo se siente después de beberlo. Acepte las cualidades meditativas de preparar y tomar infusiones, y deje que se conviertan en un ritual que le ayude a estar presente y mejore su bienestar en general.

Se puede acceder a un mundo de curiosidad, autoexpresión y bienestar individualizado experimentando y explorando los tés de hierbas. Puede descubrir una gran variedad de sabores, ventajas para la salud y experiencias sensoriales fomentando la curiosidad, manteniendo la mente abierta y disfrutando del placer del descubrimiento. Deje que los tés de hierbas sean sus compañeros de viaje, conduciéndole a nuevas perspectivas, estableciendo conexiones sociales y mejorando su vida con la maravilla y la belleza del mundo de las hierbas.

Reflexiones finales sobre los beneficios de incorporar el té de hierbas a la vida diaria

Al llegar a la sección final de este libro electrónico, es fundamental tener en cuenta las importantes ventajas de incorporar el té de hierbas a nuestra vida diaria. El té de hierbas tiene varios beneficios para la salud que van más allá de sus seductores sabores y fragancias, incluyendo beneficios mentales, emocionales y físicos. Esta sección se centra en el potencial curativo de los tés de hierbas y en cómo pueden mejorar nuestro bienestar general.

Un Gentil Compañero para el Bienestar:

El té de hierbas es un compañero reconfortante en nuestra búsqueda del bienestar. Gracias a sus cualidades naturales y a sus distintas mezclas, ayuda a resolver diversos problemas de salud. Hay un té de hierbas esperando para nutrir y equilibrar su cuerpo y mente, tanto si busca reducir el estrés, ayudar a la digestión, apoyo inmunológico o relajación. Puede incorporar el bienestar a su vida de forma fácil y placentera convirtiendo el té de hierbas en una práctica habitual.

Fomentar los Momentos de mindfulness:

Encontrar momentos de calma y mindfulness puede resultar difícil en nuestra acelerada sociedad. La oportunidad de hacer una pausa, estar presente y practicar el mindfulness no tiene precio cuando se bebe té de hierbas. Se es más consciente de las sensaciones, los sabores y los olores que se desarrollan ante uno mientras se prepara y se disfruta de una taza de té. Al practicar mindfulness, nutre tanto su cuerpo como su espíritu, desarrollando un sentido más fuerte del presente.

Nutrir el Cuerpo:

El cuerpo puede encontrar una gran riqueza nutricional en el té de hierbas. Cada sorbo contiene vitaminas, minerales y antioxidantes que contribuyen a la vitalidad y la salud general. El té de hierbas contiene una variedad de hierbas, desde la calmante manzanilla hasta el energizante jengibre, todas las cuales tienen cualidades especiales que promueven diferentes funciones biológicas. El té de hierbas puede mejorar la salud en general, apoyar la digestión, estimular el sistema inmunológico y promover una buena piel cuando se consume regularmente.

Equilibra la Mente:

Los beneficios de los tés de hierbas van más allá de la salud en general. Muchas plantas tienen propiedades relajantes que pueden ayudar a combatir el estrés, la ansiedad y los problemas de sueño.

Los tés de hierbas tienen un impacto significativo en nuestros estados mentales y emocionales, desde las propiedades calmantes de la lavanda hasta las ventajas para mejorar el estado de ánimo de la melisa. Los tés de hierbas nos ayudan a traer paz y armonía a nuestra vida diaria, lo que nos ayuda a ser más resistentes cuando nos enfrentamos a adversidades en la vida.

Conectar con la Naturaleza:

El té de hierbas ofrece la oportunidad de restablecer el contacto con el mundo natural en un mundo a menudo artificial y desconectado. Las hierbas y los productos botánicos utilizados en el té nos recuerdan la maravilla y la inteligencia de la naturaleza. Podríamos pensar en el viaje de las plantas desde la tierra hasta nuestra taza mientras preparamos y degustamos nuestro té, disfrutando de las bendiciones que nos aportan. Esta relación con la naturaleza ayuda a las personas a sentirse enraizadas, apreciadoras y agradecidas.

Cultivar el Ritual y el Autocuidado:

El uso de té de hierbas fomenta un sentimiento de rutina y autocuidado en nuestra vida diaria. Preparar té se convierte en un acto espiritual que proporciona nutrición y renovación. Es el momento adecuado para dar prioridad a nuestra salud, relajarnos y respetarnos a nosotros mismos. Al programar estos momentos para nosotros, creamos un remanso de paz en medio de nuestras ajetreadas vidas, lo que nos permite reponer fuerzas y alcanzar el equilibrio.

Fomentar la Comunidad y la Conexión:

El té de hierbas tiene la maravillosa capacidad de unir a las personas. La hora del té puede fortalecer las relaciones y promover conexiones profundas. El té de hierbas fomenta el sentido de comunidad y las experiencias compartidas, tanto si las personas se reúnen para una ceremonia del té con sus seres queridos, como si participan en catas de té con amigos o en grupos de té en línea. Al incorporar el té de hierbas a nuestras rutinas diarias, abrimos la puerta a la interacción social y al desarrollo de una comunidad de té acogedora.

El té de hierbas es un viaje transformador de bienestar, concienciación y autodescubrimiento que podemos incluir en nuestra vida diaria. El té de hierbas tiene una variedad de ventajas que mejoran nuestras vidas, desde sus cualidades nutricionales hasta su capacidad para calmar la mente y promover la conexión. Aprovechemos la fuerza de los tés de hierbas, disfrutemos de sus sabores y experimentemos los momentos de paz y autocuidado que nos ofrecen. Que el té de hierbas se convierta en una parte habitual de nuestros rituales diarios, mejorando nuestra salud y sirviéndonos de recordatorio para vivir en armonía con la naturaleza y con nosotros mismos.